Immersion totale

Immersion totale

Nouvelles

adventice

Photo de couverture © Émilie Jouvet

8 rue du Fbg Poissonnière - 75010 Paris
ISBN 2-9524074-0-1

Préface

Émilie Jouvet

Quand j'ai rencontré l'équipe d'Adventice et qu'ils m'ont proposé de travailler avec eux sur ce projet de concours de nouvelles, j'étais extrêmement heureuse. Parce que cela réunissait les deux choses les plus importantes à mes yeux, la littérature et la photographie.

L'idée était simple : lancer un concours de nouvelles inspirées d'une de mes photographies.

Lorsqu'il a fallu choisir une photo pour le concours, tout s'est révélé beaucoup plus complexe.

Beaucoup de mes images sont des portraits, et le regard, la personnalité du « modèle » sont extrêmement importants. Ce ne sont pas des visages de jolies filles anonymes, ni des symboles de « la femme », ou de « l'amour lesbien ». Je ne cherche pas à embellir un corps par des lumières travaillées pour qu'il ressemble à une pub, je ne cherche pas un décor savamment organisé dans un but romantique et hors du temps.

Je montre le vrai, les yeux fatigués, les corps tendus, la salle de bain telle qu'elle est et non pas telle qu'on aimerait qu'elle soit, le lit pas fait parce que non, on ne vit pas dans un magasin Ikéa.

Les filles sont en jeans parce que c'est comme ça qu'elles sont dans mon univers, et elles sont sublimes comme ça.

Je ne leur mets pas des drapés de soie pour les masquer en

statues lisses et sans identité. Elles boivent de la bière dans les bars et pas du champagne dans un harem, elles dansent et transpirent et sentent bon les cheveux sales et les rêves d'aujourd'hui.

Cependant, on voulait que le plus grand nombre de filles participe à ce projet et autant que possible toucher des filles avec des vécus et des styles différents.

Il fallait trouver une photographie qui parle de deux femmes ensemble, sans pour autant les bloquer dans une histoire, un âge, un milieu social trop évident, au risque d'avoir trois cents fois le même récit. Le choix fut difficile et maintenant je sais qu'il était le bon, même si cette image n'est pas vraiment représentative de ce que je fais habituellement.

Il a toujours été extrêmement difficile pour moi de m'exprimer sur mes images. Je veux dire avec des mots, des phrases, de créer des enchaînements logiques d'éléments qui constituent la parole.

Le langage est pour moi plein de pièges, il fixe une réalité éphémère alors que dans ma tête tout est toujours en mouvement. Une question posée amène toujours une autre question…

Le plus dur dans l'écriture n'est pas l'angoisse de la page blanche, mais l'inverse : la page noire, trop noire de mots qui courent en tous sens. Le plus compliqué est de faire le vide et de ne prendre que les bons, les vrais, les urgents, les touchants.

J'aimerais parfois être muette pour ne pas avoir à m'expliquer.

J'aimerais pouvoir dire : je fais des images, mes images sont mes mots, elles forment un vocabulaire, elles écrivent une histoire, elles vous parlent de moi, et surtout du monde tel que je le vois, tel que je le hais et tel que je l'aime, et que tout est là. Mais je sais bien que ce n'est pas si facile, que les images ont toujours une double narrativité, celle du moment de prise de vue, de ce qui s'est passé à ce moment, et celle que perçoivent les gens en regardant l'image, qui est différente selon chaque paire d'yeux, chaque sensibilité, chaque histoire personnelle. Et qu'on ne me dise pas qu'une œuvre doit retentir de manière identique pour tous, parce que pour en revenir à notre sujet, l'image de deux femmes enlacées ne sera pas perçue de la même manière par une lesbienne, par un homme hétéro, par un gay, par un enfant, par un Esquimau, par un directeur de musée, etc.

Et même en ne prenant que des lesbiennes, aucune n'aura les mêmes échos dans son esprit, aucune n'aura la même chose à dire.

Et heureusement.

La littérature a toujours fait partie de ma vie. C'est ce qui m'a construite, les livres.

Bien avant de tenir un appareil photo dans les mains j'avais un livre sous ma couette.

Le jour où j'ai commencé à faire des photos, je n'ai plus écrit une ligne. Ou peut-être le jour où j'ai renoncé à écrire, j'ai commencé à faire des photos.

Une image est un mot, une phrase, une image peut être un livre entier si on prend la peine de la lire.

Sauf que.

Sauf qu'après il faut en parler.

On peut rester avec un livre dans sa tête, on peut voyager en solitaire et personne ne va s'offusquer. Mettez une image, fixe ou en mouvement, et les gens vont s'interroger :

Alors toi tu vois quoi ?

Tu comprends quoi ?

Qu'a voulu dire le photographe ?

Il se pose aussi inévitablement la question de la réalité.

Cette image est-elle réelle ?

Bien sûr qu'elle est réelle.

Mais ce qu'elle représente, est-ce la vérité ?

Ces deux femmes enlacées étaient-elles vraiment amantes ou ont-elles « posé pour la photo ? »

Ont-elles fait l'amour ? La photographe est-elle restée ?

Lorsque j'ai rencontré ma première copine, j'avais vingt ans, et, contrairement à beaucoup de lesbiennes, je n'avais jamais eu le moindre soupçon d'homosexualité à mon sujet. Ça m'est tombé dessus comme un piano jeté du dixième étage.

J'étais étudiante aux Beaux-Arts, je vivais avec mon petit ami, et pour être franche, je ne foutais pas grand-chose, parce que je ne savais pas où était situé le nœud.

Elle, elle était étudiante en sciences politiques, publiquement féministe et lesbienne, et se lançait dans son mémoire de fin de cycle : « L'homosexualité féminine, de l'aliénation à l'affirmation créatrice. »

On peut dire que je suis tombée doublement amoureuse. Amoureuse d'une femme et amoureuse d'un combat politique.

Et aussi de toutes ces autres, célèbres ou anonymes, qui s'étaient battues, qui avaient créé des langages à transmettre, des mots pour nous dire.

Quand on aime, on veut tout découvrir, tout comprendre, tout apprendre de l'autre.

Moi, j'ai voulu tout découvrir, tout comprendre, tout apprendre sur moi-même aussi.

Parce que, grâce aux livres, j'ai découvert que ce que je vivais (le piano sur la tête et tout ce qui s'ensuit : les implications sociales, familiales, sexuelles, sentimentales, politiques, d'un tel amour) avait été vécu par des milliers d'autres.

Ensuite, j'ai voulu parler moi aussi, de ce que je vivais, de ce que j'avais compris, et participer du mieux que je pouvais à cette « réécriture » de notre propre réalité. J'ai tenté de le faire

(et je continue aujourd'hui), à travers la photographie et la vidéo, car les représentations de l'homosexualité féminine dans l'art sont encore plus restreintes qu'en littérature.
Je me suis aperçue que c'était aussi difficile que d'écrire, car l'image de la femme est un des premiers produits de consommation médiatique, donc soumis à un contrôle et à une censure d'autant plus forte.
Les livres, les œuvres d'art, toute production ou création culturelle, sont des trésors pour les minorités quelles qu'elles soient, parce que dans un monde où la normalité est encore représentée par l'homme, blanc, riche et hétérosexuel, les représentations de la différence sont rares et par là très précieuses.

Bertha Harris disait aux jeunes écrivaines qui venaient à ses conférences :
« Osez être monstrueuses. Le monstre est féminin, fou, dangereux, héroïque et criminel dans la même terrifiante chair.
« Souvenez-vous, l'organe central chez la femme qui nous rend différentes, fortes et fait de nous des artistes n'est pas l'utérus mais le cerveau.
« Vous pouvez plus. Ne vous résolvez pas à être ce qu'ils vous croient être.
« Trouvez ce que vous pouvez être, et écrivez-le. »

Mais qu'on ne s'y trompe pas. Il n'y a pas d'écriture « féminine » ou d'écriture « lesbienne ». Simplement l'écrivain « minoritaire entre dans la littérature à l'oblique ». Selon Monique Wittig, « écrire un texte qui a parmi ses thèmes l'homosexualité c'est un pari, c'est prendre le risque qu'à tout moment l'élément formel qu'est le thème surdétermine le sens, accapare tout le sens, contre l'intention de l'auteur qui veut avant tout créer une œuvre littéraire. »
On entend parfois dire par ses détracteurs que la littérature

« lesbienne » (écrite par des lesbiennes avec un thème lesbien) est mièvre, que toutes les histoires se ressemblent…
Ici, il est question d'un concours de nouvelles, les participantes ne sont donc pas des écrivaines au sens où elles n'ont jamais publié, et pourtant quelle diversité dans les écritures, dans les récits…
J'adorais ça, recevoir des histoires d'inconnues que je lisais bien au chaud les pieds calés sur le radiateur.
Il est vrai que surgissaient souvent les mêmes problématiques : « la rencontre au boulot » et « l'hétéro détournée », pour les moins excitantes, mais c'est inhérent à notre situation où l'on doit passer parfois par une prise de risque social, même si les mentalités évoluent.
Bien d'autres facettes ont surgit dans ces textes : le voyage, l'humour, l'adolescence, la découverte, la mort, l'autodérision, le désir, la perte…
La drogue et la musique et puis la violence.
Et le sexe. Et l'amour. Parfois les deux.

Au stade de la pure découverte, où je n'avais pas encore à choisir, à hiérarchiser, peu m'importait la qualité de l'écriture, j'adorais les lire, ces filles, ces femmes qui avaient laissé un peu d'elles dans un texte.
Ensuite, en sélectionnant les nouvelles de ce recueil avec l'équipe d'Adventice et de La Dixième Muse, je me suis attachée à dégager celles dont le style était vraiment singulier, tout autant que le fond (une histoire entre deux femmes). Avec une implication sociale plus large, qui nous entraînait dans leur univers, d'où le titre *Immersion totale.*

Mais qu'en est-il vraiment de cette photo ?
Cette photo n'a pas d'histoire à proprement parler. Cette photo est une photo, elle s'est détachée du réel pour devenir une image,

elle a perdu son contexte, sa gangue autobiographique pour n'être plus qu'un mystère, une suggestion, un conditionnel. Et pourtant c'est bien moi sur cette image, c'est bien mon bras tendu hors du cadre qui a déclenché l'appareil et nous a prises elle et moi enlacées, dans le reflet du grand miroir ancien posé en face du lit.

C'est la chair du miroir, sa surface dépolie par l'âge qui a donné ce flou à nos corps, ce grain épais et friable comme photocopié à la scène tout entière.

Je coupe très rarement les têtes dans mes images, et pourtant sur celle-ci les corps sont décapités. Mais pas besoin des visages pour y lire le désir qui se dégage de ces mains nerveuses et de ces corps impatients. Et j'espère que les nouvelles qui suivent vont se charger de donner de multiples visages à ces deux femmes, ainsi que des histoires, des âmes aussi complexes et diverses que nous le sommes.

Émilie Jouvet

emiliejouvet@hotmail.com
http://www.20six.fr/emyphotografy

Inspiration

Céline Jacquier

Ce soir, Aude aurait aimé être accompagnée, mais les excuses à répétition qu'elle avait patiemment écoutées n'avaient pas entamé son désir de découvrir cette exposition. Un verre à la main, elle glissait de photo en photo. Subjuguée par les œuvres, elle n'avait aucunement conscience du regard qui ne la quittait pas et lui brûlait le dos. Aude s'attarda particulièrement devant une photographie : sous ses yeux, une étreinte de femmes à moitié nues.
– Qu'est-ce que cela vous inspire ?
Surprise et déjà bouleversée par cette voix profonde et intentionnellement troublante, Aude tourna légèrement le regard sans pourtant dévisager la femme qui venait de se placer à ses côtés.
– Pardon ?
– Comme commentaire…, répondit un chaleureux sourire.
– Je ne sais pas. Je ne suis pas une experte.
– En quoi ? En photographie ?
– C'est ça, fit Aude quelque peu déconcertée.
– Que pensez-vous du grain ?
Aude marqua un temps d'arrêt, soupçonnant une nouvelle insinuation provocante.
– De la photo ou de la peau ?
Un nouveau sourire se dessina.

– De la photo évidemment !
– Évidemment… Vraiment, je n'y connais pas grand-chose. Mais ce flou délicat et le cadrage me donnent l'impression d'être une voyeuse.
– Oui, c'est tout à fait ça… Une sorte de scène prise sur le vif qui nous dévoile une intimité qui devrait nous être dissimulée.
Aude garda un instant le silence, absorbée par la contemplation du cliché. Elle plongea subitement ses yeux dans ceux qui étaient posés sur elle.
– Vous croyez que c'est leur première fois ensemble ? interrogea-t-elle doucement.
– C'est possible, je n'y avais pas pensé. Alors on entre dans le domaine de l'imaginaire, ce n'est plus de l'art pour l'art, la beauté pour la beauté…
– Où se trouverait la magie si en voyant une photo ou un film, on pensait à la mise en scène et à la technique nécessaire à sa réalisation ?
– Oui, c'est magnifique de pouvoir regarder et apprécier une œuvre avec des yeux innocents, sans chercher à la décortiquer sous son aspect purement technique.
– Vous êtes l'artiste, peut-être ? s'enquit Aude.
– C'est flatteur, mais non.
– Vous êtes une artiste ?
– On est tous un peu artiste quelque part…
Les deux jeunes femmes reportèrent leur regard sur la photographie.
– Où pensez-vous qu'elles se soient rencontrées ? demanda encore Aude. J'ai le sentiment que c'était en boîte de nuit.
– C'est étrange mais j'ai tout de suite eu la même impression… Mais peut-être avons-nous tort. Pourquoi n'auraient-elles pas simplement fait connaissance à une expo photos ?
– Non, je ne le ressens pas comme ça, fit Aude, feignant de ne

pas parfaitement comprendre l'allusion.
– Je crois que c'est juste une baise d'un soir, vous le sentez ça ?
– Non !
– Vous devez être une romantique.
– Devrais-je avoir honte de l'admettre ?
– Pourquoi donc ? La naïveté peut être charmante…
– L'attention et la patience aussi ! Et le romantisme n'a rien de naïf ! Je suis persuadée que de la même manière que l'appétit vient en mangeant, le romantisme vient en aimant.
– C'est beau ce que vous dites, un peu niais peut-être… se moqua gentiment une voix malicieuse avant d'ajouter avec un surprenant sérieux :
– Vous savez, je ne suis pas du genre à penser que baise est le préfixe de bestiale.
– Heureuse de l'entendre, lança un peu bêtement Aude surprise par cet étrange aveu.
– Si je vous rends déjà heureuse maintenant…
Aude se tourna légèrement vers l'impudente prétentieuse :
– Vous ne doutez pas un instant que cette conversation m'intéresse, n'est-ce pas ?
Une main lui agrippa le bras et un souffle lui caressa l'oreille.
– Le jeu subtil de la séduction vous déplaît donc ?
– Subtil n'est pas le mot ! Et c'est cela qui me dérange.
– Que je me trompe de mot ou que je vous drague ouvertement ?
La main glissa dans le vide.
– Ou peut-être que vous n'aimez pas mon sexe ?
Des sourcils se froncèrent, des lèvres se pincèrent.
– Je veux dire, je suis une femme…
– Cette précision n'est pas superfétatoire. Vu les propos que vous tenez, je finissais par en douter !
– Superfétatoire ? s'amusa l'entreprenante jeune femme.

– Pourquoi n'iriez-vous pas plutôt draguer ouvertement cette charmante blonde là-bas, elle a l'air beaucoup plus réceptive que moi.
– C'est sûr, mais c'est vous qui me plaisez, prononça une petite voix séductrice. Et puis, je me suis déjà trop investie avec vous pour renoncer si facilement.
– Et qu'envisagez-vous ? Un investissement à court terme ?
– La nuit nous le dira, répondit sans se démonter un ensorcelant sourire. Je m'appelle Alice. Voulez-vous que je vous montre mes merveilles ?
– Combien de fois avez-vous prononcé ces mots ? fit Aude en riant.
– Je ne compte plus.
– Et est-ce que ça marche ?
– Ça a marché…
– Vraiment ?
– Absolument !
– Moi, c'est Aude, fit-elle sans abandonner son sourire.
– C'est joli, une véritable ode à l'amour… Non, ne me dites pas que vous ne comptez plus les fois où vous avez entendu cette phrase !
– Cela vous découragerait-il ?
– Bien sûr que non ! Mais mon orgueil serait gravement blessé.
– Il ne craint rien. En fait, une seule personne…
Aude s'interrompit et demanda d'un air qu'elle voulait léger :
– Et vous, que vous inspire cette photo ?
– Un puissant désir de mimétisme.
Aude rosit imperceptiblement et demanda doucement :
– Laquelle seriez-vous ?
Alice baissa également la voix et dit dans un chuchotement :
– Vous seriez celle de droite, avec ce petit haut que vous ne quitteriez qu'à contrecœur.

– Tout contre son cœur…
– Mon cœur.
La jeune femme délivra Aude de son regard pénétrant et le reporta sur la photographie.
– Vous n'auriez pas envie de m'aider ? continua-t-elle. De passer vos mains dans mon pantalon et de le faire glisser ?
– Le fait que ce soit cela qui apparaisse au premier plan n'a, je pense, rien d'innocent. C'est cette envie qui est vraisemblablement recherchée.
– Alors c'est un oui.
– Je trouve cette photo vraiment réussie. Elle provoque tellement d'émotions… et offre en même temps une possible identification.
– Je suis vachement bien foutue… J'aime beaucoup mes seins, pas vous ?
– On n'en voit qu'un seul, mais c'est déjà très prometteur.
– Prometteur, oui, c'est exactement ça…
Aude garda le silence et laissa Alice poursuivre :
– Je suis partagée entre le désir de continuer à parler avec toi jusqu'au bout de la nuit et le désir de t'arracher tes vêtements, ici et maintenant, pour sentir ton corps nu contre le mien.
La séductrice se pencha davantage et murmura à l'oreille de la jeune femme tremblante.
– Plus je t'écoute, plus j'ai envie de toi.
Aude resta le regard accroché à la photographie, lointaine.
– Te regarder aussi est une torture…
Cette fois, les yeux d'Aude vinrent se planter dans ceux d'Alice.
– Comment vont-elles se quitter ?
– Pourquoi faudrait-il qu'elles se quittent ?
– Qui est romantique ? railla Aude. Ce n'était qu'une baise d'un soir, rappelez-vous. D'ailleurs, cette photo transpire l'éphémère !

– Comment pouvez-vous affirmer une telle chose !? La photographie fige l'instant et, justement, lui donne le pouvoir de l'éternité.
– Et pourtant…, fit Aude sur le ton d'une inéluctable évidence.
– Et si ce n'était pas fait pour durer mais que, contre toute attente, ça durait… en dépit de tout : de leurs doutes, de leur désir de liberté, de leur pessimisme…
– Et puis l'enchaînement perpétuel des jours leur fera oublier de s'interroger sur leur bonheur, sur leur relation, sur la nécessité d'accompagner l'autre à une soirée…
– L'usure du temps n'est pas un concept nouveau. Mais quand même, c'est triste.
– Oui, c'est triste.
– Tu es triste ? s'inquiéta Alice.
– Non. Parce qu'il y a toujours un geste, un mot, une attention qui efface l'inévitable indifférence… Il y a aussi les occasions de la vie…
– Et ce soir, c'est une occasion ?
Aude glissa ses doigts dans la main chaude et impatiente d'Alice et proposa simplement :
– On y va ?

Elles s'échappèrent à l'extérieur. Le froid les saisit brutalement. Sans patienter plus longtemps, Alice fit glisser Aude dans ses bras et embrassa passionnément ses lèvres fraîches :
– J'espère que tu n'es pas garée trop loin, frémit-elle en relâchant lentement son étreinte.
– Pas trop. Chez toi ou chez moi ?
Alice déposa un caressant regard à ses côtés :
– Le plus près possible…
– J'habite rue Émile-Gallé.
– C'est vrai ? Moi aussi !

– Au numéro 7.
– Pas possible !
– Troisième droite.
– Non ? On était vraiment faites pour se rencontrer ! s'exclama Alice en riant.
– Ça fait bientôt huit ans que j'en suis persuadée.
Alice arrêta de marcher, se pencha, et entraîna Aude, bouche contre bouche, un peu plus à l'écart, jusqu'à rencontrer un mur.
Alors que ses lèvres dévoraient la gorge gémissante de sa compagne, une voix rauque ne tarda pas à s'en extraire pour murmurer :
– Alice… ?
– Mmm ?
– Tu as pensé à racheter du café ?
Alice esquissa un sourire.
– Toi qui maudissais le quotidien…
Tout en continuant de dispenser de brûlants baisers, la jeune femme ajouta :
– … à moins que ce ne soit une façon de me faire comprendre que ce n'est ni l'endroit, ni la saison, et qu'on serait bien mieux chez nous pour ce genre de choses ?
Le souffle plus court, Aude s'écarta doucement :
– Je suis heureuse que tu sois venue.
– Je ne me rappelle pas avoir eu autant de mal à te séduire la première fois…
– *No pain, no gain, baby*.
Alice sourit en déposant un léger baiser sur les lèvres offertes.
– Tu as froid ? demanda-t-elle pleine d'attention.
– Non. Je tremble, c'est tout.
Elles se sourirent, amoureuses. Leurs doigts s'entrelacèrent et leurs pas s'accélérèrent.

No future

Virginie d'India

« J'aime bien l'idée d'un destin attentif et cynique se jouant en coulisses de nos prétentions naïves. »
Jean-Paul Dubois

« Nous n'aurions jamais dû nous rencontrer. »
Voilà ce que pense Sabine en traversant la rue qui sépare son domicile de son cabinet, selon son habitude, en diagonale.
Cette pensée excitante l'entraîne sur le trottoir désert en ce début de soirée. L'air est doux, elle a hésité entre une balade et la quiétude de son bureau.
La deuxième solution est plus séduisante et plus simple. Elle grimpe les douze marches (qu'elle recompte à chaque fois comme un rituel protecteur) pour atteindre l'appartement qui lui sert de bureau.
Elle appuie sur l'interrupteur et la pièce s'illumine. Un instant désorientée, elle hésite à allumer l'ordinateur, l'imprimante…
Pas question de travailler. Elle est venue là pour réfléchir.
Comme à son habitude, elle fera une analyse minutieuse de la situation, pour tenter d'apaiser la confusion de ses pensées.

Elle ravivera aussi délicieusement les souvenirs.
Elle s'installe dans le confortable fauteuil ministre offert par un couple d'amies lors du démarrage de son activité.
Véronique, à l'initiative de cet achat, lui avait lancé avec son habituel humour teinté de moquerie :
– Les signes extérieurs de réussite attirent la chance ! Alors comme on ne se voyait pas t'offrir un tailleur Gucci…
Elle s'enfonce voluptueusement dans le fauteuil démesuré. Un an plus tard, elle doit reconnaître s'être habituée au confort du siège ; elle lui attribue même quelques pouvoirs obscurs ayant contribué à la prospérité de ses affaires !
Fermant les yeux, elle se projette la même image qui habite ses pensées depuis une semaine. Image qu'elle tourne et retourne dans son esprit, la ravivant, l'entretenant.
Huit jours déjà qu'elle cultive les sensations, les émotions liées à cette rencontre. Elle avait d'abord résisté, lutté contre l'envahissement provoqué par ce souvenir, mais face à cette persistance elle succombe régulièrement. Et elle aime ça !
Se rappeler la douceur du contact provoqué par une main posée sur son bras, ce contact à peine appuyé qui avait diffusé dans tout son corps des frissons de désir. Ensuite la difficulté à soutenir le regard insistant, presque dérangeant. Pour la première fois Sabine s'était sentie mal à l'aise face au regard d'une femme, ne sachant quelle attitude adopter. La fuite aurait été la réponse la plus confortable.
Elle se repasse très clairement le début de la soirée. Retrouvailles avec ses amies proches, échange de récits de vacances, d'anecdotes diverses. Sabine était venue seule : depuis presque un an, elle affichait un célibat souhaité, heureux, salvateur, après trois années d'une vie de couple qui avait pris fin sans postface.
Ces soirées étaient préparées, calculées, les mêmes couples, les mêmes célibataires, tout ce petit monde évoluant selon les

codes propres au monde des filles. Il y avait forcément des ex, des futures ex, et des futures futures ex !

Le tout dans une fausse décontraction qui ne trompait personne. « Tiens, Claire et Béatrice se reparlent ? Alexandra n'a toujours pas quitté Clémence ? »

Surprises limitées, nouveaux chapitres clos avant que d'autres ne s'ouvrent. Sabine avait autrefois adoré ces moments, aujourd'hui ils étaient avant tout l'occasion de voir ses amies réunies et de commenter les « mouvements » au sein du groupe. Elle connaissait toutes les participantes, elle avait été la confidente, parfois la maîtresse de presque chacune, à des époques différentes.

C'est Audrey qui était venue vers elle. Installée sur le balcon entre Véronique et la fiancée de celle-ci, Sabine ne l'avait pas vu venir. Audrey était le type même de fille qui n'existait pas aux yeux de Sabine. Cheveux coupés courts, rasés plus exactement, le noir devait être la seule couleur répertoriée dans sa garde-robe. Le piercing qui lui entamait l'arcade sourcilière avait toujours empêché Sabine de la regarder en face.

Deux univers, deux conceptions de la féminité en totale opposition, différence qui n'avait jamais permis la moindre rencontre.

À l'arrivée d'Audrey, Véronique prit congé et quitta le balcon en entraînant sa fiancée, non sans avoir adressé un clin d'œil entendu à son amie.

– Salut ! dit Audrey en prenant place exactement à l'endroit où Véronique se trouvait quelques secondes plus tôt.

Intemporelle, inamovible, pensa Sabine en regardant l'allure générale de la jeune femme. La saison estivale n'avait pas amené de couleur dans la tenue d'Audrey, la coupe de cheveux était toujours aussi rase et le piercing… fièrement installé sur le sourcil gauche.

Sabine avala une gorgée de vin et lui rendit son bonjour sans

sourire.
C'est ce moment-là que choisit Audrey pour poser sa main sur le bras de Sabine, un appui prolongé, tranquille, assuré.
Troublée, Sabine lui demanda :
– C'était bien tes vacances ?
L'autre éclata d'un rire franc et bruyant qui la cloua sur place et la vexa.
– Qu'est-ce que j'ai dit ? rétorqua froidement Sabine.
– Tes habituelles formules polies, si tu écoutais de temps en temps ce qui se dit autour de toi tu saurais que mon été je l'ai passé…
Le reste de la phrase mourut dans un brouhaha qui envahissait les pensées de Sabine. Elle entendit juste « prison », « procès », « avocat ». Mais pour qui se prenait cette *butch* ? Ses yeux ne pouvaient soutenir le regard d'Audrey, droit, insistant.
Elle s'était rapprochée de son visage. Sabine sentait son souffle sur son cou et voyait très précisément les détails de son visage. Quelle force la poussait à maintenir son regard sur ce visage ? Sabine fut envahie par une puissante bouffée de désir. Elle avait soudainement envie de cette fille au-delà de toute commune mesure, au-delà de toute raison. Balayé le piercing disgracieux, oubliés les vêtements sans couleur ni forme, tellement superflu, à ce moment précis, l'aspect extérieur.
Elle ne pensait plus qu'à une seule chose : la garder à côté d'elle le plus longtemps possible. Lui parler, dire des choses qui l'intéresseraient, qui l'empêcheraient de se détourner et de retourner parmi la foule dansante. L'encourager à poser à nouveau sa main sur elle, rééditer ces frissons délicieux qui lui avaient torturé le ventre. Il lui semblait qu'elle la dévorait des yeux, que tout son corps exsudait le désir d'Audrey !
– Alors, qu'en dis-tu ? demanda celle-ci avec un sourire amusé et moqueur.
– J'en dis que les événements passés doivent rester à leur place,

et … et…
Sabine ne trouvait plus ses mots. Dans sa recherche maladroite d'arguments elle s'était imperceptiblement rapprochée d'Audrey, jusqu'à ce que sa cuisse touche la jambe de celle-ci. Et malgré l'épaisseur du jean d'Audrey et malgré le tissu léger de son propre pantalon, ce contact l'avait bouleversée.
Elle ne souhaitait plus qu'une chose : toucher sa peau, caresser chaque parcelle du corps de cette fille qui la faisait tanguer de désir. Elle ne parvenait pas à comprendre ce qui la chavirait à ce point, ce qui électrisait sa peau au point de lui faire perdre toute logique.
Audrey attrapa sa taille tandis qu'elle manquait de perdre l'équilibre, elle l'avait retenue avec fermeté pour éviter la chute mais aussi avec une douceur telle que Sabine ne put retenir un petit cri.
Dans ce déséquilibre, sa main se posa sur celle d'Audrey et y resta bien au-delà du rétablissement de leur position. Sabine pensa que c'était une belle image pour symboliser son chavirement.
Elles étaient si proches que Sabine sentit contre elle le sein d'Audrey et la chaleur de son corps venue se mêler à la sienne. Elle n'avait jamais imaginé qu'Audrey puisse avoir un corps, et encore moins désirable !
Un corps qu'elle voulait caresser, découvrir et faire jouir.
Plus rien d'autre n'avait d'importance, simplement le corps d'Audrey en réponse au sien. Son désir contre l'assouvissement de celui de sa partenaire.
L'univers s'était restreint à elles deux sur un balcon, tandis que la nuit tombait, que la musique venue de l'intérieur avait dépassé le bruit des discussions.
– Tu as envie de moi, n'est-ce pas !
C'était une affirmation, murmurée par Audrey à l'oreille de Sabine dans la plus grande intimité.

– Alors viens danser ! Je saurai te faire avoir tellement envie de moi que plus rien d'autre ne comptera et surtout pas le regard de tes chères amies !

Audrey lui prit la main et l'entraîna à l'intérieur avec détermination.

Habituellement, Sabine aurait eu pour toute réponse une petite phrase assassine, pour clouer le bec à cette Audrey gonflée d'assurance et de machisme. Mais là, les paroles de la jeune femme eurent pour effet d'accroître encore l'envie qu'elle avait d'elle.

L'arrogance de tels propos, l'assurance de son pouvoir de séduction auraient dû déconcerter Sabine qui pourtant se laissa entraîner parmi les autres couples de filles qui dansaient. Elle n'avait aucunement la force de résister, d'arrêter Audrey, de percer la bulle dans laquelle elles se retrouvaient.

Lorsque leurs deux corps se touchèrent, lorsque Sabine sentit contre elle seins, ventre, cuisses, elle crut jouir de ces contacts tant attendus. Elle était électrisée. Audrey bougeait bien, elle sentait ses hanches onduler, envelopper son corps comme pour l'entourer et l'éveiller.

Audrey la tenait fermement contre elle, Sabine avait posé ses mains sur la taille de la jeune femme, sans chercher encore à toucher sa peau. Elle avait sur elle un effet inédit, violent et inexpliqué.

Dans le premier temps, leurs lèvres se trouvèrent, au début, dans un baiser timide, puis sans même reprendre leur souffle, leurs langues firent connaissance, s'aspirant, se mélangeant. Leurs deux corps serrés, enlacés, balançaient dans un rythme qui ne collait pas du tout à la musique. Elles improvisaient un slow, elles s'appropriaient leurs bouches.

Sabine sentit ses seins se dresser contre ceux d'Audrey, elles avaient la même taille et la correspondance de leurs corps était troublante.

Aux seins renvoyaient les seins, au ventre le ventre, au sexe le sexe, si bien qu'elles semblaient soudées l'une à l'autre par un même élan, par un même désir.

L'audace de ces contacts échappait totalement à Sabine, au point qu'elle glissa ses mains sous la chemise d'Audrey pour enfin toucher cette peau qu'elle désirait. Elle promena ses doigts jusqu'à la naissance des fesses, juste arrêtées par la ceinture qui retenait le jean. À ce début de découverte elle sentit le corps d'Audrey se crisper, frissonner.

Ainsi donc les sensations étaient partagées à en juger par l'effet de ces premières caresses sur ses reins.

– N'arrête pas, lui murmura Audrey.

Elles se heurtèrent presque dans un baiser qui exacerba les sensations. Limitées dans la découverte réciproque, délicieusement frustrées, elles mettaient toute leur audace dans les baisers et les caresses. Sabine continuait de découvrir le dos de la jeune femme, inlassable, cette peau sous ses doigts l'électrisait et elle mourrait d'envie d'embrasser ce que ses doigts touchaient.

La réaction d'Audrey lorsqu'elle découvrit ses seins fut aussi violente que lorsqu'elle avait effleuré ses fesses. Leurs pointes étaient dressées, sensibles, offertes aux doigts décidés de Sabine.

En guise de réponse, Audrey glissa sa jambe gauche entre celles de Sabine qui les enserra violemment. Le rythme musical se prêtait aux ondulations. Sabine sentait la cuisse ferme d'Audrey, si proche de son sexe qu'elle ne put se retenir de se plaquer contre elle. Audrey lui facilitait la tâche en amenant sa jambe tout contre elle. Dans le même temps, elle s'empara de sa bouche et enroula sa langue autour de la sienne, avec tellement de violence que leurs dents se rencontrèrent. Sans cesser son mouvement de va-et-vient, Audrey avait trouvé un sein gonflé et rond, sous le tee-shirt de Sabine, et elle en

agaçait la pointe sous ses doigts.
La musique changeait, leur rythme s'adaptait. La langueur de l'une et l'autre s'accentuait, leurs corps étaient si proches qu'elles semblaient emboîtées.
– Je vais jouir, gémit Sabine, tandis qu'un spasme la projetait contre Audrey. L'effet conjugué de la caresse sur son sein et du frottement de la cuisse sur son sexe avait provoqué un orgasme violent et délicieux. Tout son corps avait joui, parcouru de frissons, son cerveau s'était définitivement brouillé au moment de la jouissance. Elle tanguait doucement contre Audrey, la tête posée sur son épaule, le corps toujours fondu dans celui de son amante.
Elle chercha sa bouche pour y poser un dernier soupir de plaisir et lui donner le goût de celui-ci. Elle remarqua le regard amusé de sa partenaire.
– On dirait que j'ai été à la hauteur, dit Audrey en riant. Je te rassure, le plaisir était partagé et te faire jouir ainsi alors que nous en avions toutes les deux envie me fait dire que nous avons eu raison de bavarder un peu…
Le temps s'était arrêté, Sabine reprit conscience en quelques minutes, elle regarda autour d'elle pour constater les réactions. Amies, connaissances, ex-fiancées la regardaient, plus étonnées que choquées.
Son amie Véronique, assise à l'exact opposé d'elle, la fixait, une lueur malicieuse dans le regard en guise de commentaire. Sabine savait que le « petit exercice » public auquel elle venait de se livrer alimenterait les conversations de ses amies pendant des semaines.
– Et si on continuait cette conversation à l'abri des regards envieux ?
Audrey souriait, Audrey provoquait. Sabine reçut la proposition sous la forme d'une crampe de désir supplémentaire. Comment peut-on avoir encore autant envie de quelqu'un ?

Qui lui avait parlé un jour des papillons dans le ventre ?
En guise de réponse, elle lui prit la main et l'entraîna hors du salon, dans un couloir qui mènerait forcément à une chambre !
Elle poussa une porte, c'était bien une chambre, à peine éclairée par une lampe de chevet. Elles écartèrent les vêtements et les sacs éparpillés sur le lit. Sabine ne pensait qu'à une chose, toucher la peau d'Audrey, la regarder longuement, tranquillement.
Pourtant, l'espace d'un instant elle se sentit à nouveau lointaine, aux antipodes de l'univers d'Audrey. Quelques minutes plus tôt cette fille l'avait fait chavirer et vibrer, alors pourquoi cette sensation d'éloignement ?
Sur le lit, à genoux devant elle, Audrey retirait son tee-shirt noir ; elle découvrit de petits seins attendrissants et de jolies épaules musclées. Le regard de Sabine coula le long du corps.
Elle l'avait sa réponse !
Cette fille devant elle était tout simplement excitante. L'image bouleversa Sabine, Audrey à demi nue, juste vêtue d'un jean trop grand, d'une boucle de ceinture trop grosse, était renversante de sensualité : il suffisait de le reconnaître, se l'avouer !
À son tour, Sabine se débarrassa de son tee-shirt, hésita un instant pour le soutien-gorge : c'est sexy, songea-t-elle, et puis je dois être encore bronzée !
Elles se faisaient face, à genoux sur ce lit inconnu. Encore immobiles.
Arrêt sur image, avant de laisser les corps se jeter l'un sur l'autre, les bouches se dévorer. Il fallait une énergie considérable pour retenir encore quelques instants la violence du contact. Leurs peaux frémissaient, leurs poitrines se soulevaient au rythme d'une respiration qui tentait de se contrôler.
Sabine posa la main sur la hanche d'Audrey, entre la peau et le tissu du jean. Elle remonta le long du corps, sentit la

peau sous ses doigts, la chaleur contre sa main. Audrey avait fermé les yeux, ses seins se soulevaient rapidement comme si elle tentait de reprendre son souffle. Les lèvres entrouvertes laissaient apparaître des dents blanches brillantes, deux fossettes encadrant son menton.

Sabine lui effleura les seins, remonta vers le cou qu'elle caressa jusqu'à la nuque. Chaque parcelle de peau qu'elle découvrait frissonnait sous ses doigts et électrisait sa partenaire.

Elle s'approcha, l'embrassa, trouva sa langue et joua avec. Les mains d'Audrey parcoururent son dos, dégrafèrent le soutien-gorge et enfin se glissèrent dans le pantalon jusqu'à la barrière du slip.

Déséquilibrées, elles roulèrent sur le lit. Le baiser dura.

Habilement, Sabine défit la boucle de ceinture. Chaque bouton du jean céda sous ses doigts pressés. Le corps d'Audrey ondulait pour faciliter l'abandon du jean et du slip.

Elle était belle, la nudité lui allait bien. Sabine ne put s'empêcher de la regarder encore, de désirer chaque partie de son corps : les jambes légèrement écartées qui laissaient apercevoir son sexe, le ventre rond, les seins aux pointes dressées.

Son corps s'offrait, son corps se donnait.

Sabine quitta son pantalon et s'étendit de tout son long sur sa partenaire avec la sensation déjà d'envahir son corps.

Ses seins s'écrasèrent sur ceux d'Audrey. Mais ce n'était pas brutal, simplement l'attraction était trop forte, les désirs trop exacerbés pour être contenus.

Sabine, émue, constatait la correspondance exacte de leur taille : seins contre seins, ventre contre ventre. Les caresses étaient en miroir, en totale harmonie.

Leurs mains cherchaient les endroits les plus intimes, les plus reculés, les plus excités.

Les mains trouvèrent et s'arrêtèrent, les doigts pénétrant leurs sexes et découvrant enfin la violence du désir !

Le bassin d'Audrey tangua à la rencontre des doigts qui la pénétraient, provoqua la force de leur progression en elle. Sabine luttait pour imprimer un rythme identique à celui qui la prenait délicieusement. Mais Audrey trempée de désir accélérait ses ondulations et accueillait toujours plus profond en elle les doigts de sa partenaire.

Audrey la prenait avec une telle douceur, une telle habileté qu'elle sentit l'orgasme approcher.

« Cette fille est redoutable », eut-elle juste le temps de penser tandis qu'Audrey la saisissait au poignet et immobilisait très loin en elle les doigts de Sabine qui la baisaient.

– Ne fais plus rien ! gémit-elle.

Sabine sentit sous ses doigts le vagin s'ouvrir et l'accueillir au plus profond. Elle resta immobile, seule Audrey contractait ses muscles pour donner le rythme qu'elle aimait, le rythme qui maintenant la faisait jouir.

Tout comme la jouissance qui prit naissance dans le sexe de Sabine, lorsque Audrey quitta le vagin pour caresser son clitoris et provoquer l'orgasme. Sous la poussée de plaisir, Sabine fut propulsée dans les bras de sa partenaire.

Sabine vacille de son fauteuil ministre, ouvre les yeux et pose un regard presque surpris sur le décor de son bureau. Elle vient de revivre ce qui est sûrement le souvenir érotique le plus fort de sa vie.

Elle a encore sur les lèvres le goût de celles d'Audrey. Elle ressent sur sa peau le frisson au contact des mains qui l'ont caressée.

« *No future* », pense-t-elle en guise de conclusion, « mais Dieu que c'était bon ! ».

Sans fil…

Fanny Mertz

« Saisis ta chance, serre ton bonheur et cours vers ton risque,
à te regarder, ils s'habitueront... »
René Char

Mais d'où vient cette foutue sonnerie ?

Sans pouvoir s'en empêcher, elle fouille les poches de son imperméable. Pourtant, elle est sûre que ce n'est pas son portable, allergique à ses vibrations ineptes, elle ne l'allume jamais.

Agacée, elle jette son regard interrogatif en pâture aux occupants de la rame. Le métro, jusque-là aérien, s'engouffre à nouveau sous terre, regagnant sa tanière. Les usagers quant à eux dédaignent l'énigmatique sonnerie, et se désintéressent du mieux qu'ils peuvent de la frêle jeune femme qui s'en préoccupe.

Ils ont d'autres soucis à brouter.

Ah ! Cette sonnerie ridicule, si je le trouve ce putain de portable, il n'aura plus qu'à jouer la Marche funèbre...

Elle se penche, s'accroupit : là ! Vibrant dans l'ombre, le coupable. Le temps de s'en saisir et évidemment la sonnerie

s'arrête. Pas courageux l'animal…
Alors, on fait moins le malin, hein ?
Bon… et maintenant qu'est-ce que je fous avec ce truc-là, moi ?
– Euh, excusez-moi, monsieur ? C'est à vous ? Madame ? Est-ce que c'est à quelqu'un ?
Après avoir arpenté la rame en vain, brandissant l'objet avec la conviction d'un VRP débutant s'ingéniant à fourguer des encyclopédies à des petites vieilles aveugles, elle s'incline, vaincue, avant d'enfouir son butin dans sa poche. C'est sa station et en plus elle est en retard.
De toute façon, Violette est toujours en retard à ses cours. À vrai dire, elle est toujours en retard tout court. Elle tient ça de ses parents, de son père surtout, qui n'a jamais su quitter la maison avant l'heure à laquelle on l'attendait. Et pour l'attendre, on l'avait attendu…
Aujourd'hui, ce sont ses élèves qui patientent, sagement stratifiés en arc de cercle, dans la chaude odeur de poussière du vénérable amphi 3B, qui depuis tant de générations se nourrit de la cérébrale sueur de tous ces potaches studieux, dont les rangées de postérieurs polissent les bancs.
Ils attendent le cours de mécanique quantique, ils attendent Violette.
Son entrée, essoufflée, est saluée d'un concert de sifflets. Elle manque de se prendre les pieds dans l'estrade.
– Je suis…
Volontairement, elle marque un temps, leur sourit et levant les bras, les invite à finir sa phrase.
Un cœur lui répond :
– Désolée…
– Exact… quoique… à y regarder de plus près, pas exactement. En réalité, vous êtes plus désolés que moi, c'est vous qui m'avez attendue, c'est vous qui avez enduré la désolation de l'attente. Moi je suis simplement embarrassée d'en avoir été

la cause... Constatez ici comme le langage déforme la réalité conceptuelle. Les faits dépendent du point de vue du narrateur et n'existent que parce qu'ils sont observés ou subis ! Ce principe peut vous paraître très philosophique, mais il a des applications très concrètes en physique des particules. Et ce sera d'ailleurs notre sujet d'aujourd'hui : le point de vue de l'observateur !

Et voilà comment on les mouche... Bien joué ma fille...

Une réflexion un peu rapide... car c'est invariablement pendant les instants de calme, qui communément précèdent la tempête, que les éléments se déchaînent ou que les téléphones sonnent ! C'est une réalité mathématique que n'aurait pas reniée Descartes, s'il avait disposé d'un téléphone portable...

Celui qui sommeille d'un œil dans la poche du manteau de Violette confirme la règle. Il gémit une mélodie ringarde, qui rend instantanément aux occupants de la salle le rire abscons de leur adolescence toute proche.

Violette s'empourpre. En orchestrant son entrée, elle n'a pas tenu compte de la haine atavique des téléphones. À cet effet, réalisez et admettez un bonne fois pour toute qu'on ne dispose jamais vraiment d'un téléphone portable : c'est lui qui nous possède.

Affolée, elle saute sur l'engin, et ne trouvant pas le bouton pour l'éteindre, répond :

– Allô ?

– Oui ?

– Super, je vois que quelqu'un l'a trouvé !

– Hein ?

Mais qu'est-ce qu'elle raconte cette fille ?

– Mon portable !

– Votre portable ?

Putain, j'ai toujours adoré me ridiculiser devant cent vingt étudiants hilares...

– Euh, écoutez, je n'ai pas le temps là, je peux vous rappeler ?
Bon sang, mais comment il se coupe ce truc ?
– Mais non, vous ne pouvez pas, vous avez mon portable, vous vous souvenez ?
– Écoutez, je dois raccrocher là !
– Eh ! Attendez, il faut que vous me le rameniez ! Je travaille au ciné L'Étoile, c'est rue Saint-Jacques. Vous demandez Julie, OK ?
– Julie, très bien.
Ah ! Enfin le bouton off.

Du pied, elle fait voltiger la poubelle innocente, c'est con, mais ça soulage… Elle a la rage, un portable tout neuf ! Elle n'avait même pas fini d'apprendre à s'en servir.
Qui plus est, un cadeau de sa mère ! Pour une fois qu'elle lui en fait un… D'accord, c'est sans doute histoire de déculpabiliser, mais c'est tout de même une attention, un geste. Après tant d'années d'indifférence polie, juste ponctuées de quelques coups de fil de Nouvel An ou d'anniversaire : « Tu vas bien ? Tu prends bien soin de toi, hein ? »
Oui, maman, ne t'inquiète pas, je prends « bien soin de moi ».
Et surtout, surtout, je reste « bien loin de toi », c'est ça l'idée n'est-ce pas ?
Loin de ta chaleureuse campagne, loin de tes charmants voisins, de tes précieux amis, de ton gentil boucher, de ton affable curé, loin de ta petite vie propre et rangée. Et de préférence bien à l'écart de tous ces gens estimables, honorables, respectables, convenables, bref affublés de tous ces trucs en « able » qui font que tu les préfères à moi, ta fille…
C'est sûr, la grande fille homo qui veut faire du cinéma à Paris, ça fait tache sur la toile cirée de la cuisine. Dans un univers rural où l'horizon est borné par les frontières du village, on ne

peut pas se permettre de sortir des normes, sous peine d'être banni et d'avoir à déménager hors des limites du monde connu…
Le cinéma est fermé, mais sa porte est ouverte. Elle la pousse. Elle habite là, au-dessus de la salle de projection. C'est Rosie qui lui prête l'endroit. « Mais tu ne t'incrustes pas, hein ? »
Depuis six mois qu'elle vit ici, elle se demande quand Rosie la priera de lever le camp ! Bien sûr, elle s'est cherché un autre coin, mais rien de moins facile à trouver. Avec un boulot à la pige, pas de revenus fixes, aucune agence ne veut de vous. Ou alors, il faudrait demander une caution à son père, mais là plutôt les ponts. Pour en sauter, ou pour dormir dessous selon l'humeur…
Voilà déjà six mois qu'elle a quitté l'appartement qu'elle partageait avec Cathy.
Au début, elles s'étaient passionnément aimées. Elles vivaient ensemble depuis que Julie avait débarqué à Paris, il y a six ans déjà, attirée par ses études et surtout poussée au loin par des parents pressés de la voir partir.
À l'époque, Cathy prenait des cours d'art dramatique, elle voulait être actrice. Elle avait juré à Julie qu'elle l'aimerait et la protégerait.
Aujourd'hui, Cathy travaille dans une agence de voyages et elle l'a foutue dehors…
Avec elle, Cathy avait toujours été d'une jalousie maladive et lui avait fait endurer des scènes autant mémorables qu'imméritées. Pourtant, c'est elle qui l'avait trompée la première… On projette souvent sur les autres nos propres vices. Un jour elle lui fit clairement comprendre que sa place était prise. Julie ramassa ses affaires et s'enfuit sans un mot. De toute façon, depuis quelques temps, elle sentait bien que, justement, elle ne sentait plus grand-chose. Plus d'émoi, plus de pincements, tout juste un désir de convenance, autant partir. À vingt-huit

ans on se résigne difficilement au désespoir, on lui préfère des espoirs…

Mais aujourd'hui, Julie n'en a plus ! Même son téléphone à présent, mais qui s'acharne ainsi, QUI ?

Sans trop y croire, elle tente sa dernière chance et compose son propre numéro, sait-on jamais. Tant pis pour la facture de Rosie…

– Allô ?

– Oui ?

– Super, je vois que quelqu'un l'a trouvé !

– Hein ?

– Mon portable !

– Votre portable ?

Merde, elle est à la masse cette fille ou quoi ?

– Euh, écoutez, je n'ai pas le temps là, je peux vous rappeler ?

– Mais non, vous ne pouvez pas, vous avez mon portable, vous vous souvenez ?

Elle est complètement crétine celle-là…

– Écoutez, je dois raccrocher là !

Ah non ! Elle va pas se défiler comme ça !

– Eh ! Attendez, il faut que vous me le rameniez ! Je travaille au ciné L'Étoile, c'est rue Saint-Jacques. Vous demandez Julie, OK ?

– Julie, très bien.

Merde, elle a raccroché cette conne ! Bon, ben ma Julie, c'est simple, ton portable, tu l'oublies…

Elle n'a jamais aimé ce prénom, Violette. Pourquoi pas Cyclamen, Glaïeul, voire Pissenlit, c'est tout aussi joli, non ? Et tous ces crétins ! Cette foultitude de crétins abâtardis qui y étaient allés de leur compliment recuit : « Violette ? Oh ! c'est original et ça te va bien, c'est une si jolie fleur ! »

Oui, c'est sûr, ce n'est pas commun comme prénom, ducon. Mais si tu savais comme ta remarque l'est, elle, commune !

Pourquoi ne lui avait-on pas fait cadeau d'un patronyme banal : Valérie, Sophie, Annie, elle n'était pas difficile, n'importe quel machin en « ie » aurait convenu...

Parce que, lorsque à trente ans, on est la plus jolie professeur de l'université et que chaque jour, les yeux de cent vingt rigolos à peine plus jeunes que vous sont braqués sur votre sourire, tandis qu'il vous faut leur enseigner une des matières les plus obscures de la physique moderne, on rêve de conformisme, on n'a pas du tout envie de s'appeler Violette.

On voudrait avoir un physique banal, un nom passe-partout, c'est-à-dire une chance de ne pas être prise pour une rigolote.

Rue Saint-Jacques.

Et en plus il pleut. Je ne vois vraiment pas ce que tu fous là, tout ça parce que tu es trop bonne. Trop conne, oui. Qu'est-ce qui t'a pris de ramasser cet engin ? Pourquoi faut-il toujours que la vie des autres se mêle de la tienne ?

Et puis pourquoi est-ce que tu te déplaces, merde ! T'as retrouvé son portable : elle aurait pu venir le chercher. De toute façon tu te fais avoir à tous les coups, t'es trop poire... Tu sais, ma fille, si je n'étais pas irrévocablement contrainte de subir ta présence jusqu'à ce que mort s'ensuive, je m'enfuirais prendre des vacances au loin et t'enverrais des cartes postales...

Merde, je suis allée trop loin ! Et puis il est où ce putain de cinéma ?

En y regardant de plus près, la devanture rouge et orange, c'est peut-être ça ?

Elle entre.

Derrière son comptoir, Rosie compte la recette, enveloppée dans le châle informe qui la protège si bien des regards curieux de la peuplade cinéphage qui hante journellement ce lieu. Sa pudeur s'y tient au chaud.

À l'usage, elle s'est composé une expression assortie, distante et impavide, qui camoufle à merveille son empathie innée pour l'humanité.

Rosie est un cœur déguisé en pierre.

– Euh ? Excusez-moi ?

– Oui, c'est pourquoi ?

Le peu d'affabilité de la personne rondelette, assise derrière la vitre, tout occupée à compter sa monnaie, glace Violette d'entrée.

– Je… c'est… j'ai un téléphone là…

– De nos jours, ce n'est plus vraiment une singularité !, déclare Rosie le sourcil interrogateur.

– Oui… pardon… en fait je cherche à voir… euh… Julie ?

– Julie ?

– Oui, il faut que je la voie, c'est pour son portable…

À ces mots, le masque de Rosie tombe, et la bonhomie naturelle de son sourire envahit son visage.

Ah ! Enfin du nouveau dans la vie de la petite, en plus elle a l'air pas mal celle-là…

– Pour l'instant, ce n'est pas possible, elle s'occupe de la projection. Mais il n'y en a plus que pour une petite heure maintenant. Vous pouvez aller voir le film en attendant…

Dehors la pluie redouble, l'orage écume.

L'idée de planter là cette Julie et son portable traverse l'esprit de Violette à la vitesse d'une balle de tennis smashée avec rage, avant d'aller rebondir sur le rideau aquatique qui barre la sortie de sa présence diluvienne, coupant toute retraite… Quoi qu'il en soit, sa timidité lui interdit de refuser une invitation aussi joviale. Et puis, ça fait si longtemps qu'elle n'est pas allée au cinéma.

Le cinéma de Rosie est un endroit à part. C'est un lieu aux antipodes de tous ces multiplex aseptisés de moquettes feutrées et suintant le pop-corn, où s'entassent anonymement les foules dominicales en quête d'évasion THX sur écran géant. Ici, ça sent le vieux plancher qui craque, le tissu de feutre rouge limé jusqu'à l'âme et l'ouvreuse passe encore entre les rangées proposant glace en cornet et fraises Tagada. Un cinéma humain, une espèce en voie d'extinction avancée.

Ce subit bond dans le passé, allié à l'obscurité, fige Violette près du seuil.

Ses pupilles réclament la minute nécessaire à leur adaptation, tandis que son regard se porte sur la salle modeste quêtant une place libre.

Mais à l'instant où elle le tourne vers l'écran, il y reste rivé.

Là, étalées sur le mur, deux femmes font l'amour en gros plan.

Leurs corps se mêlent, s'emmêlent. Les plans se succèdent, serrés : un sein, des jambes entrelacées, une main glissant sur une peau, la crispation d'un visage. Violette cligne des yeux, mais ils refusent de se fermer complètement, elle reste debout, immobile, recevant ces images inhabituelles.

Soudain, on lui tape sur l'épaule. Armée d'une lampe, l'ouvreuse se propose de lui chercher une place. Elle sursaute, prise en faute. Son cerveau vient de se remettre à fonctionner :

Mais où suis-je ? Dans un cinéma porno ?

Sans tergiverser plus longtemps, elle se tasse sur le premier siège venu, et observe nerveusement la salle. Des femmes, exclusivement. Ça la détend un peu. Sur l'écran les ébats des amantes ont conclu la fin de ce qui devait être un court-métrage. En fait cette projection est une succession de petits films. Des histoires, plus ou moins réussies, dont le point commun semble être l'amour entre femmes. Des courts-métrages lesbiens.

Violette, l'effet de surprise passé, trouve l'expérience troublante. Et de toute façon personne ne l'a vue entrer et en plus elle est dans le noir…

Le dernier sujet s'intitule *Mathilde*. On y relate les amours naissantes de deux adolescentes sur les bancs du lycée. Deux copines qui voient petit à petit leur amitié se transformer en désir.

Les images défilent sur l'écran et d'un coup Violette se fige.

Une porte vient de s'ouvrir dans sa mémoire, une lumière aveuglante, un visage, Marion.

Tout lui est revenu en bloc, à l'instant où face à elle, les deux jeunes filles ont échangé un premier baiser émouvant de passion.

Mais comment ai-je pu oublier ? Toutes ces années sans jamais y repenser, comme si tout s'était effacé, comme une longue amnésie. Marion.

Violette a quinze ans. Elle est jolie, très jolie. Un visage de poupée sur un corps fin et délicat, avec de longs cheveux blonds qui lui balayent le dos. Brillante en classe, elle est la chouchoute des profs.

Mais avant tout, elle est le Graal inaccessible d'une escouade de boutonneux tout juste pubères, dont elle hante les fantasmes secrets.

Oh ! elle s'est bien laissée séduire à l'occasion. Plus par curiosité que par envie. De ses prétendants, elle ne conserve que le souvenir mouillé de leurs baisers maladroits. Aucun n'a su éveiller son intérêt, aucun n'a su déployer l'inventivité voulue, leurs langues brusques et malhabiles n'ont pas eu sur elle l'effet escompté.

Aucun n'était à la hauteur. Aucun jusqu'à Marion.

Marion la rebelle, l'étrangère. Marion qui débarque en cours d'année, après une enfance passée en Afrique. Marion à la peau si blanche, aux yeux si noirs. Marion qui ne ressemble à personne, qui n'agit comme personne.

Elle se fiche de ses fringues, de son look, du Top 50, des garçons. Elle est entourée d'une aura particulière faite d'assurance et de mystère. Un brin provocatrice, un peu garçon manqué, elle est infiniment inhabituelle.

Violette lui sourit et elles deviennent inséparables. Deux sœurs jumelles, voire siamoises, collées l'une à l'autre du premier cours de maths à la dernière heure d'étude. Elles se parlent, elles s'écoutent.

Marion raconte l'Afrique, les couleurs, la lumière si particulière du soir, la douceur de l'air comme une présence, les gens, les animaux, les arbres aux branches plates. Pour elle, la France c'est nouveau, inconnu, parfois elle s'y sent perdue. Violette sera son refuge.

À son tour, elle écoute Violette lui parler de ses passions : de l'univers, des étoiles, des astres qui tournent sans répit, de ses rêves d'infini. Marion écoute, comme elle n'avait jamais écouté jusque-là...

Arrive l'été, les cours se diluent au vent des vacances toutes proches qui souffle sur le lycée. Un vent d'oisiveté. Il fait chaud, la forêt, toutes feuilles dehors, exhibe l'insolence de sa verdure à qui veut bien s'allonger sous son couvert.

Écoutant son appel, Marion et Violette s'allongent, là, dans l'herbe crue et, les yeux dans les yeux, d'un même souffle, se consument d'un baiser absolu.

Deux semaines passent, faites de tendresse, de douceur, de rire et d'école buissonnière.

Elles arpentent les sous-bois, les clairières, les champs de blé, main dans la main, le cœur gonflé d'un bonheur inexprimable, étouffant de passion, découvrant l'amour pur, le vrai, le premier.

L'homosexualité ? Un mot barbare, aussi inconvenant qu'une tache de cambouis sur un drap blanc. Cela ne les concerne pas, tout juste ont-elles conscience d'avoir à se cacher, rien de plus. D'ailleurs, hormis des baisers qui progressivement deviennent fougueux, elles ne vont pas plus loin. Oh, elles en ont confusément le désir, mais comment faire ? Quoi faire ? Déjà qu'avec les garçons ce n'est pas très clair…

Le début des vacances sonne le glas de leur histoire. Violette part pour un séjour linguistique en Allemagne, puis avec ses parents, à la mer. À son retour Marion a déménagé, son père a trouvé du travail en province, maintenant elle habitera à l'autre bout de la France.

La nouvelle fracasse Violette, elle pense ne jamais pouvoir s'en remettre. Et de plus elle doit souffrir en silence, elle ne peut en parler à personne. Elle est seule avec son insupportable douleur.

Elles s'écrivent pendant un an, frénétiquement. Puis les lettres s'espacent, deviennent moins enflammées. Petit à petit les courriers se font rares et finissent par disparaître complètement.

La vie reprend ses droits, jour après jour, sans faire de bruit, comme une vicieuse qu'elle est…

Violette recommence à sourire, à rire, elle voit d'autres amis et finit par tomber amoureuse à nouveau, il est un peu à part, un peu rêveur, un peu distant, il s'appelle Mathieu, elle a dix-huit ans. L'air de rien il lui prend son cœur, et son corps avec.

Puis il y a d'autres amours, d'autres amants, des hommes sans hésitation.

Violette ne s'est jamais posé la question, consciemment en tout cas. Elle n'a jamais repensé à Marion. De façon incompréhensible, elle l'a gommée de sa mémoire, rayée.

Sur l'écran, le générique défile, les appliques murales s'allument *crescendo*, les spectatrices quittent la salle en bavardant. Violette reste assise et ce n'est que lorsque autour d'elle le brouhaha se dissipe qu'elle émerge de sa rêverie, se levant d'un bond.

Marion, mon Dieu.

Elle revoit tout à présent, son regard sombre, son visage pâle et fin, ses doigts qui se mêlaient si bien aux siens. Elle ressent à nouveau la chaleur intime que lui procurait le simple fait de poser les yeux sur elle. Elle est envahie d'une bouffée de passion rémanente.

Marion, ton sourire, ta façon de ne rien prendre au sérieux, tes bras autour de moi, la chaleur de ton cou, ton visage au soleil, nous deux, allongées sur la mousse, enlacées. Marion, nos baisers, comment ai-je pu ? Comment ai-je osé oublier ?

Est-ce que ça me faisait trop mal d'y penser ? Est-ce qu'inconsciemment j'ai eu honte, après ?

Elle ne réfléchit pas plus avant. Julie se tient devant elle.

– Bonjour, je suis Julie. Rosie m'a dit que vous étiez là !

– Julie ?

– Oui, le portable...

– Ah ! Oui, il est là !

Violette plonge une main dans sa poche avant de tendre l'objet à la jeune fille brune qui l'observe.

– Je vous remercie de vous être déplacée !

– Ce n'est rien...

– Si, vous n'étiez pas obligée ! En fait, après coup, je me suis trouvée gonflée de vous avoir demandé de venir, comme ça. Mais je n'ai pas su quoi dire, et vous aviez l'air si gênée pour me répondre. Je tombais mal, c'est ça ?

– Oui, c'est exactement ça !, répond Violette en souriant.

La lumière se rallume complètement. Julie marque un arrêt.

Waouh ! Mais elle est superbe cette fille, et ses yeux...

– Pour vous remercier, laissez-moi vous offrir un verre.

– C'est gentil, mais je n'ai pas le temps là...

– Allez, s'il vous plaît ! De toute façon dehors il pleut des cordes !

– Ah oui, ça continue ?

Pour la première fois, émergeant des brumes de ses pensées, elle fixe Julie et là, elle aussi, marque un temps.

Est-ce parce que le visage de son premier amour la hante complètement en cet instant ? Est-ce l'allure androgyne de Julie, ses cheveux courts et bruns, ses yeux sombres, son sourire franc ? Est-ce le hasard ? Est-ce le destin ?

Mais bon sang, on dirait Marion, elle lui ressemble ! Ce n'est pas croyable !

Dans le réduit qui lui tient lieu de cuisine, Julie confectionne une caïpirinha, un cocktail à base d'alcool de canne, de sucre, de citron vert et d'une bonne dose de glace. Une recette qu'elle a ramenée d'un voyage au Brésil.

Violette ne connaît pas, elle adore.

Elle ne quitte pas plus Julie des yeux que le verre ne quitte ses lèvres.

Tout en pilant la glace, les doigts couverts de jus de citron, Julie tente de réveiller la ravissante jeune femme qui semble anesthésiée sur sa chaise.

– Tu t'appelles comment?

– Violette.

– Violette ?

Julie réprime un sourire.

– Eh bien, dis-moi, ça ne doit pas être facile à porter tous les jours, non ? Excuse-moi pour le jeu de mots facile, mais… c'est pas un peu fané, comme prénom, Violette ?

Violette sourit largement.

– C'est exactement la réflexion que je me faisais tout à l'heure… On ne peut pas savoir ce que c'est pesant un prénom pareil !

– Tu as aimé le film ?

– Oui !

C'était un oui résolu, décidé, sans détour.

– Ah ? Ça ne t'a pas un peu… surprise…

– Quoi ? De voir des femmes ensemble ? Si, au début, bien sûr, mais ça mis à part, c'était… intéressant !

– Ah !

Eh oui ! Une hétéro... tu t'attendais à quoi ma pauvre ? Tu avais très exactement huit chances sur cent, si l'on en croit les derniers sondages, c'est peu...

– Je n'avais jamais vu de court-métrage avant, je vais très rarement au cinéma, en fait.

Est-ce qu'elle est lesbienne, cette fille ? C'est bien possible, si elle travaille ici. Et puis cet air de garçon manqué... Et Marion ? Qu'est-elle devenue ? Est-elle lesbienne aussi ou m'a-t-elle effacée de sa mémoire ?

– En tout cas encore merci, pour mon téléphone. Aujourd'hui, il n'y a plus beaucoup de gens qui se préoccupent des autres...

Bon, Julie arrête de la regarder comme ça, arrête de rêver, arrête de draguer !

– En fait, je n'étais pas loin, je travaille à l'université.

Violette, sors-toi de ce rêve éveillé, cette fille n'est pas Marion. Et puis Marion, c'était il y a quinze ans, à quoi tu joues là ?

– Qu'est ce que tu fais à l'université ?

Julie, je te connais comme si je vivais avec toi depuis vingt-huit ans, tu es en train de flasher. T'assiérais-tu en passant sur la règle numéro un de la goudou moderne : Pour éviter les bobos, touche pas aux hétéros.

C'est vrai, je sais... Mais bon sang, qu'est-ce qu'elle est jolie !

– Je suis prof... J'enseigne la physique à la fac et l'astrophysique aussi.

Violette a déclaré ça d'une toute petite voix, comme quelque chose de légèrement honteux. Elle a conscience de ne pas avoir le physique de l'emploi, de ne pas être le vieux binoclard barbu que les gens attendent à sa place. Elle étouffe dans ses mensurations de pin-up. Des fois, elle préférerait être grosse et moche, ou alors ne pas être prof, mais hôtesse de l'air.

– L'astrophysique, tu veux dire les étoiles et tout ça ?

– Oui, entre autres. La version scientifique de madame Soleil

si tu veux, sauf que je ne prédis pas l'avenir !
Ça, c'est la réponse toute faite qu'elle sert en fourrage aux importuns pour se sortir de sa gêne et les pousser à changer de sujet…
Mais cela n'arrête pas Julie :
– Je vais te dire un truc banal, les étoiles m'ont toujours fait rêver. Cet infini inaccessible, tournoyant là, indéfiniment, juste au-dessus de nos têtes… J'ai toujours voulu en savoir plus, mais je n'ai jamais eu le courage de me plonger dans tous ces bouquins rébarbatifs !
Ça alors, elle est trop cette fille ! Ma Julie calme-toi, je t'en prie, je t'en supplie. Tu vas dans le mur, là. Tu le vois le mur ? Eh bien tu fonces dedans tête baissée.
– Tu veux un cours particulier ?
Elle a dit ça sans réfléchir, en fait, Violette n'est pas là… Elle est dans la cour de son lycée, il y a quinze ans, et elle parle à Marion : « Tu veux un cours particulier ? »
– Tu plaisantes ?
– Non, je suis sérieuse, demain soir si tu veux ? Tu connais l'Observatoire de Paris, c'est dans le XVe. Ce n'est pas idéal pour l'observation d'être dans Paris, mais pour une première approche, c'est suffisant. Et puis l'endroit est magique, anachronique, un peu comme ce cinéma, tu verras…
– Eh bien, c'est vraiment gentil, je ne sais pas quoi dire…
Mais j'ai une de ces envies de t'embrasser, si tu savais.
– Alors c'est d'accord ?
Il y a quinze ans, Marion aussi avait dit oui…

Franck vit avec Violette depuis deux ans. Il la chérit de toute la force rigoureuse de son amour sincère.
Il n'a jamais vraiment compris pourquoi elle l'a choisi, lui, plutôt qu'un autre. Elle qui a tous les hommes à ses pieds.

Et en homme prudent, il a pris soin d'écarter cette délicate question.
De toute façon, aujourd'hui, c'est décidé, il va en faire sa femme. Elle l'accompagnera aux États-Unis dès la rentrée prochaine. Là-bas, il trouvera de l'argent pour ses recherches. Là-bas on ne traite pas les chercheurs moins bien que des cobayes de laboratoire.
Il va la demander en mariage, et elle va dire oui. Il faut qu'elle dise oui. D'ailleurs fidèle à son rigorisme scientifique, il a tenu à mettre toutes les chances de son côté. Il va l'emmener à Venise et là, au clair de lune, sous le Rialto, il lui fera la déclaration la plus romantiquement irréfutable de l'histoire du Grand Canal. Ça ne peut pas rater. Le départ est pour demain, il la prendra en fin d'après-midi, l'invitera à dîner et puis direction l'Orient-Express…
En attendant, il lui mitonne des spaghettis bolognaise avec du parmesan, un avant-goût, une mise en bouche.
Mais Violette est en retard.
Les pâtes seront trop cuites…

Boulevard de l'Observatoire.
La grille qui ferme l'entrée du parc est close. Julie devine la masse sombre de la bâtisse plus loin, surmontée de sa coupole. Elle a pensé à Violette toute la journée. Violette, un ange tombé des étoiles, avec ses longs cheveux blonds et son air de petite fille fragile. Un ange qu'on lui dépêche pour lui prouver qu'il est possible d'aimer, encore.
Mais comme Dieu est dépressif, comme les bonheurs simples l'indisposent, il lui missionne un esprit céleste inaccessible, un séraphin hétéro !
Ne pas craquer. Une amie, tu dois t'en faire une amie, rien de plus… Sinon tu risques de la perdre complètement, c'est toujours

la même histoire, tu te souviens ?
Julie sursaute lorsque Violette paraît derrière la grille.
– Coucou. Ça va ? T'as pas eu de mal à trouver ? Longe le mur, il y a une entrée plus loin, je t'attends là-bas.
Cent mètres plus loin, Violette lui sourit dans l'encadrement voûté de la petite porte qu'elle vient d'ouvrir. Julie s'arrête. Violette lui rappelle une de ces icônes qui ornent les murs des églises orthodoxes, sacrées et inaccessibles.
Elles se font la bise.
– On va aller là-haut !, dit Violette en pointant la coupole. Tu t'es habillée chaudement j'espère !
Julie la suit, silencieuse. Elles pénètrent dans l'Observatoire, traversent des salles éteintes, longent des vitrines où s'entassent pêle-mêle de vieux instruments optiques.
Le plancher grince sous leurs pas, ça sent la poussière et le vieux cuir. C'est vrai qu'on y retrouve comme un petit air du cinéma de Rosie. Enfin, elles débouchent sur les toits où l'air frais les cueille, avant de pénétrer sous la coupole.
Julie est impressionnée par le lieu, par l'instant, par Violette.
Violette, elle, est nerveuse. La petite voix de sa raison ne se tait pas, elle parle à la cartésienne, à la scientifique.
Mais qu'est-ce que tu fais là ce soir ? En plus, tu la connais à peine cette fille. Et puis ce n'est pas elle que tu vois, c'est Marion. Tu crois que c'est honnête ça ? Et Franck ?
À force de l'abandonner tous les soirs, il va finir par se demander si tu n'as pas un jules. Tu vas lui répondre quoi ? Non, j'ai une Julie !"Tu disjonctes ma pauvre fille, tu disjonctes…
Julie sursaute lorsque, brisant le silence d'un grincement rauque, le toit de la coupole se fend en deux sur près d'un mètre, laissant paraître le ciel.
Observer les étoiles en plein Paris est une gageure. La pollution atmosphérique et lumineuse rend la chose sans intérêt scientifique et depuis longtemps, l'Observatoire n'est plus un

centre en activité. Aujourd'hui c'est plus un musée qu'autre chose. D'ailleurs le télescope que manœuvre Violette, avec toute la déférence et le respect qu'on doit à un vieux monsieur, en est le témoin.
Violette manipule les molettes, actionne des engrenages qui roulent en cliquetant, puis se penche sur l'objectif et sourit :
– On a de la chance, la visibilité est étonnamment bonne ce soir. C'est sûrement grâce à toutes ces averses. Viens voir !
Julie approche, craintive. Violette l'encourage :
– Regarde !
Là, au fond de l'objectif, une petite boule ronde scintille, lumineuse, d'une netteté hypnotique sur le fond noir du ciel. Julie reconnaît Saturne et ses célèbres anneaux, probablement le seul objet astronomique qu'elle est capable de nommer sans erreur :
– Saturne ?
– Oui.
– Et les petits points brillants autour ?
– Ses satellites. Ses lunes, si tu préfères. La terre n'en possède qu'une, Saturne en a dix, mais là, on ne voit que les plus grosses...
Ainsi débute leur voyage. À présent, guidées par Violette, elles parcourent d'un regard les années lumières qui les séparent d'astres lointains, de nébuleuses diaphanes, vestiges d'explosions innommables, elles quittent la galaxie et plongent dans des abîmes insondables qu'on ne mesure qu'à coups de millions ou de milliards.
Le cerveau de Julie est au bord de l'éruption, elle peine à suivre l'intarissable Violette qui d'explication en commentaire l'entraîne toujours plus loin.
Elles sortent. Julie referme la coupole. Il est trois heures du matin. La lune vient de se lever sur les toits de Paris.
Violette s'assied près de Julie et lui demande une cigarette.

Pourtant, elle a arrêté de fumer il y a trois ans…
– Mon jules va me pourrir, j'avais dit que je rentrais à minuit !
– Ah !
Oh ! Non Violette, s'il te plaît, je suis là, avec toi. Je vis un rêve, ne me parle pas de ton jules, par pitié…
– Et toi personne ne t'attend ?
– Non, plus depuis quelques temps. Je vivais avec quelqu'un. Avec… avec une fille en fait. Mais c'est fini depuis des mois maintenant…
Oh ! Et puis zut, après tout autant qu'elle sache…
– Ah bon. Et ça va, ce n'est pas trop douloureux ?
– Non, c'est juste lancinant, comme une illusion perdue.
– Je vois. Et le cinéma c'est ton boulot, ou juste une passion ?
– Les deux. Mais j'aimerais réussir à en vivre. J'ai fait des études pour être monteuse, mais dans ce milieu quand tu ne connais personne, ce n'est pas facile. Le ciné, ça m'a prise toute petite, c'est vraiment mon truc.
– Raconte-moi ton film préféré…
– Ne me lance pas sur ce sujet-là, tu ne vas pas t'en sortir !
– Je t'ai pris la tête pendant des heures, venge-toi.
– OK, tu l'auras voulu !
Cinématographiquement parlant, Violette confesse volontiers son inculture crasse. Elle n'a jamais eu le loisir de s'intéresser à l'art, au septième encore moins qu'aux six autres ! Pour elle, Tati est un magasin pas cher et Audiard une marque de foie gras… Cependant, lorsque à son tour elle écoute Julie, elle se laisse emporter par sa passion communicative, par la flamme qu'elle met dans ses explications. Elle l'observe mimer ses scènes préférées à grand renfort de gestes, peinant à reconnaître la jeune femme intimidée qui l'avait religieusement écoutée jusque-là.

Elle aime la force que Julie dégage en cet instant. Elle sourit. À présent, la lune est haute dans le ciel, elles ont un peu froid.
– Julie ?
– Oui ?
– J'ai envie de te parler de quelque chose d'intime. De quelque chose que je n'ai jamais osé avouer à personne, mais que toi, tu peux entendre.
Et sous le regard intrigué de Julie, elle poursuit :
– Il y a longtemps, j'ai eu une histoire… avec… avec… zut, c'est pas facile à dire.
Elle tousse, se frotte les sourcils, change de position.
– Attends, je vais y arriver…
Elle rit nerveusement et inspire un grand coup.
– Je suis sortie avec une… une fille… une fois. J'avais quinze ans. J'étais au lycée, c'était une copine de classe. Ça n'a pas duré longtemps mais c'était absolument merveilleux, enivrant. Et puis elle a déménagé et là ce fut si douloureux. Pourtant, inexplicablement, j'ai effacé ce souvenir de ma mémoire, je l'ai gommé, rayé, jusqu'à hier. Jusqu'à ce que je voie ce film et jusqu'à ce que je te voie, toi… En fait tu me rappelles cette fille, tu… tu… lui ressembles…
Elle avait parlé très vite, comme si le flot de cet aveu trop longtemps contenu lui avait soudain échappé. Julie la regardait, ses yeux se firent tendres.
– Elle s'appelait comment ?
– Marion… elle s'appelait Marion.
Laquelle des deux tendit ses lèvres à l'autre ? Il est impossible de le dire. Ce fut sûrement un élan commun. Mais pour chacune d'elle, le baiser qui suivit cette confession restera un moment d'une sensualité absolue.
Pour elles, le temps cesse un instant de s'égrainer sans but et les laisse suspendues à la douceur infinie des lèvres de l'autre.

Leurs langues s'effleurent, leurs souffles se respirent. Violette passe une main dans les cheveux de Julie, ses doigts glissent entre ses mèches courtes, tandis que Julie lui caresse la joue, émue.

Lorsque, enlacées, elles se regardent à nouveau dans la clarté argentée de l'astre qui les observe, elles ne peuvent s'avouer l'intensité sidérante de ce qu'elles viennent de partager.

Julie a tout juste le temps de penser :

Ça y est, je suis foutue !

Tandis que Violette songe :

Mais qu'est-ce que je suis en train de faire ?

Aucune des deux ne peut posément faire face à la violence de cette attraction. Elles doivent fuir, ou au moins, faire diversion…

– Il faut absolument que je mange quelque chose ! On va prendre un café ?, improvise Julie.

– Maintenant ? Mais il est cinq heures, tu crois qu'il y a un truc d'ouvert ?

– Oui, on va aller au Saint-Michel ! C'est ouvert toute la nuit.

Avant de descendre, Julie pose son regard sur le profil de Violette.

– Tu es très jolie, tu sais ?

Violette se penche vers elle, réclame un nouveau baiser, mais Julie s'esquive. C'est trop. Les lèvres de Violette c'est l'électrocution assurée…

Elles prennent donc un café en compagnie de tous les noctambules fatigués de la capitale.

Julie commande un croissant, auquel elle touche à peine. Elle en propose un bout à Violette qui accepte par politesse, mais manque de s'étouffer avec, tant son estomac, serré d'émotion, refuse toute nourriture. Elle est incapable de formuler la moindre pensée cohérente, tout se brouille à travers cet émoi

dévorant qui lui noue les tripes. Est-ce le souvenir de Marion qui la hante ? Est-ce une pulsion, refoulée inconsciemment jusque-là, qui a fini par la rattraper ?
Est-ce la profondeur du regard de Julie ? Et Franck dans tout ça ? Elle s'est toujours demandé si elle l'aimait vraiment, ou si elle en avait choisi un au hasard, pour qu'on lui foute la paix, elle tient peut-être sa réponse...
Mais rien de tout cela ne réussit à la pénétrer, les questions lévitent dans les brumes de sa conscience, au loin.
Une seule chose existe : Julie.
Julie est là et elle désire Julie. Affreusement.
Elles parlent peu. De passionnant, leurs échanges, depuis ce baiser, sont devenus communs.
– Dire que dans trois heures je bosse.
– Ma pauvre !
– Je vais être fraîche !
– Viens chez moi, si tu veux. C'est à deux pas... et puis je n'ai pas envie de te quitter là... comme ça, avoue Julie, dans un souffle.
– Moi non plus, je n'ai pas envie, répond Violette en se mordant la lèvre.
La chambre de Julie est un vaste chantier, des vêtements jonchent le plancher. Elle s'excuse maladroitement, ramassant ce qu'elle peut.
Violette l'enlace. Elles roulent sur le lit défait et là leurs bouches se mêlent à nouveau. Julie se penche sur son amante, glisse au creux de son cou, s'enivre de son odeur, sa main descend sur son ventre, passe sous son pull, frôle sa peau...
Elle la retire, brûlée.
C'est trop, ça va trop vite.
Elle voit flou. Elle n'y croit pas.
Elle se dégage de cette étreinte.

– Je… je me sens sale après toute cette nuit dehors. J'ai besoin d'une douche, pas toi ?

Violette la regarde interdite.

– Une douche ?

Mais Julie s'est déjà levée. Elle lui sourit en se déshabillant.

Violette se sent frustrée. Sale ? Quelle importance, elle la désire tant qu'elle est prête à lui faire l'amour n'importe comment, n'importe où, même dans une mare de boue !

Elle prend le temps de douter un instant, puis se lève à son tour et ajoute ses vêtements au désordre ambiant, avant d'aller la rejoindre.

Elle pousse le rideau en plastique qui protège la baignoire et enjambe le rebord. Ainsi, elle se retrouve, nue, face à elle.

La scène est étrange, ces deux femmes qui sans vraiment se connaître s'apprêtent pour la première fois à faire l'amour ensemble et qui prennent leur douche, comme deux vieilles copines…

Elles s'observent en coin, espérant chacune que l'autre désire le corps qu'elle découvre. Elles se savonnent en silence, se frôlent un peu.

Violette sort la première, elle s'essuie mal, elle a froid à l'extérieur mais brûle au dedans. La gorge aussi sèche que sa peau est humide, elle se glisse sous les draps dont le toucher la fait frissonner.

Elle ne pense plus.

Tout devient noir.

Jusqu'à ce que l'ombre de Julie la rejoigne et que délicatement son ventre se pose sur le sien. Jusqu'à ce qu'elle referme ses bras sur sa chaleur et qu'elles sombrent, aveugles, dans un océan de volupté.

Le contact de leurs lèvres fut un éclair, le baiser de leurs corps sera une fusion.

On taxe volontiers les poètes d'exagération lorsqu'ils font l'élo-

ge de l'amour. Les superlatifs qu'ils emploient prêtent à sourire, une telle emphase ne peut être que fatuité d'auteur...
Et puis un jour, au détour d'une improbable rencontre, on réalise que jusque-là on n'a rien compris. On prend conscience qu'on a marché sur tant de plages sans en compter les grains, qu'on a vu tant de fleurs dont on ignore l'odeur, qu'on n'a jamais réellement été pénétré par la magie d'un coucher de soleil, par la majesté d'une montagne craquante de neige ou par la plénitude d'un sourire d'enfant.
On se rend compte qu'on a mangé sans sel et bu sans bulles, que candidement on a vécu tout proche de choses dont on n'a même pas soupçonné la présence.
Julie et Violette explorent cette autre dimension, s'y perdent, s'y noient, et il leur semble ne pas avoir assez de main, de lèvre, de souffle, de peau, de temps, pour pouvoir la parcourir en entier.
Deux corps unis dans une même vague, ondulant au même rythme, synchrone. Et cette impression entêtante d'être à sa juste place, de connaître cette peau, de savoir ce qui la fera vibrer, résonner, hurler. Elles se fondent sans résistance dans cet ailleurs inconnu, s'y étouffent de caresses, offertes, à vif, implorantes. N'entrevoyant la lumière que lors d'instants suspendus d'un fulgurant plaisir, dont elles sortent, haletantes et échevelées, réintégrant brièvement la réalité, avant de replonger aussitôt, avides de la jouissance de l'autre.
Une première fois est une découverte, d'ordinaire emprunte de retenue et de pudeur, on cherche à plaire, on hésite à oser. Elles ne connaissent aucun de ces doutes. Même Violette, pour qui chacun de ces gestes est neuf, n'a aucune hésitation. Caresser le corps de Julie en ses endroits les plus intimes lui paraît l'acte le plus naturel du monde.
En amour comme en musique, on a parfois l'oreille absolue, cette nuit-là, éperdues, elles le comprirent...

Un téléphone sonne.
Celui de Violette. L'heure du réveil… Le retour à la réalité : dans une heure, armée pour seul bagage d'une paire de valises sous les yeux, elle pénétrera dans la cage aux fauves, pour quatre heures de cours dont elle a oublié jusqu'au sujet…
Un rayon de lumière grise flotte dans la chambre filtrant du rideau mal fermé. Le jour est là, inévitable.
Violette regarde Julie dont la tête repose sur l'oreiller, tournée vers elle. Elle la trouve si belle qu'elle ne peut s'empêcher de l'étreindre à nouveau. Et une fois de plus, le contact de leurs peaux leur arrache un soupir.

Elle remonte le boulevard, la matinée est radieuse, fraîche et douce. L'odeur du printemps supplante celle des pots d'échappement. Elle est partout comme une empreinte, gonflant le cœur des passants et celui de toutes les créatures qui peuplent cet univers bétonné. Violette n'en sent pas les effets, le sien est déjà enflé aux limites du supportable. Ses oreilles bourdonnent, ses yeux clignent de fatigue dans la lumière brute, son esprit bouillonne sans répit. Elle est à la fois pleine et vide. Et par-dessus tout, seule. Seule face à ce passé enfoui qui lui saute au visage, seule devant ce présent tout neuf qu'elle ne sait où caser…
Elle, la matheuse, la rationnelle, elle qui évolue dans un monde logique où chaque élément trouve naturellement sa place, elle est perdue. Un abîme vient de se creuser, une porte donnant sur un ailleurs refoulé ouverte sans réfléchir. Par curiosité ? Non, certainement par appel, par envie, par faim.
Mais à présent qu'elle sait ce qui se dissimule derrière, que faire ?
Changer de vie ? Assumer ? Se cacher ? Tout ça est si étrange. Pourtant, avec les hommes elle ne s'est jamais posé de questions,

elle les a désirés, aimés, elle n'a jamais ressenti de manque ou de malaise. Mais cette nuit… c'était si fort.

Cette simple pensée la fait frémir de désir, elle revoit le corps offert de Julie, son ventre, ses hanches, la douceur de sa peau. Elle frissonne…

Est-ce l'interdit ou la nouveauté qui confère tant de violence à ce que je viens de vivre ?

Ça ne peut pas être l'amour, je la connais à peine cette fille ! Et puis elle est si différente de moi, si loin de mon monde. Ou alors est-ce Marion que j'ai serrée dans mes bras cette nuit ?

Le fantôme de Marion. Le fantasme inconscient que j'ai gardé, enfoui au plus profond de moi pendant tout ce temps : faire l'amour à Marion…

La pression rigolarde d'une bonne centaine de paires d'yeux contemplant sa mine défaite la dissuade de pousser plus avant la désespérante énumération de toutes ces questions sans réponses.

Tout en se regardant donner son cours, elle s'étonne de réussir à trouver en elle les ressources suffisantes, elle se comporte en automate. S'observe parler, écrire, bouger, stupéfaite de son aptitude à agir hors de sa présence. La boule d'émotion qui lui noue le plexus ne la quitte pas une seconde durant ces quatre heures de cours.

Enfin, une fois le dernier élève sorti, elle déniche un recoin où s'effondrer. Là, muette, elle se recroqueville sur sa douleur, glisse sur le côté, jusqu'à sentir le contact froid du carrelage sur sa joue. Des larmes coulent sur sa peau. Elle perçoit l'empreinte de leurs sillons salés.

Elle a quinze ans.

Après le départ de Violette, Julie sort. Elle laisse ses pas glisser jusqu'à la Seine, jusqu'au petit square qui fait face à Notre-

Dame. Là, assise sur un banc, elle s'étire dans l'air tendre et emplit ses poumons jusqu'à l'orgasme.

Elle approuve l'univers.

Fixant la cathédrale, elle remercie Dieu, celui-là et tous les autres. Elle remercie les étoiles d'avoir su forger les atomes qui forment les yeux de Violette. Elle remercie les protons, les neutrons et les électrons vibrants qui composent les seins, les lèvres et la peau de Violette. Elle remercie la gravité de les maintenir sur cette terre, ensemble, de les avoir rapprochés et unis. Elle remercie la vie. Elle rend grâce à l'amour, au printemps et à toutes les forces secrètes et inexplicables qui rendent l'univers cohérent.

Une fois sa chambre regagnée, elle s'effondre au milieu des draps épars et se noie dans l'odeur de Violette qui flotte encore au-dessus de l'oreiller. Sa main caresse l'ombre de Violette qui gît là, nue, à côté d'elle, le désir l'envahit et elle sombre dans un sommeil lascif.

À nouveau, impitoyable, le téléphone sonne.

Il est midi. Julie émerge douloureusement en tâtonnant vers la sonnerie :

– Allô ?

– Julie ?

– Violette ?

– Ça va ?

– Oui, je m'étais endormie…

– Tu as de la chance !

– Et toi ça va ? Ton cours ?

– Je suis crevée, mais bon… je fais avec !

– Dis, j'ai pensé à un truc, ça te dirait de voir un film avec moi ce soir, je te fais une projection privée ! Il y a plein de vieux classiques dans la cinémathèque de Rosie. Il est grand temps que tu te cultives un peu, non ? Chacune son tour, avec toi les étoiles, avec moi une vieille toile…

– Oui… ça serait sympa… mais je ne sais pas si… je…
– Ton jules ?
– Entre autres, oui…
– C'est quoi, les autres ?
– Quoi ?
– Tu dis « entre autres », donc il y a autre chose, non ?
– Oui, tu sais, ce n'est pas si simple dans ma tête. Ça me tombe dessus comme ça. Je ne sais pas si… ça me fait un peu peur je crois…
Julie sent le sol se dérober sous ses pieds, son empathie avec l'univers aura somme toute duré peu de temps.
– Écoute Violette. Je comprends. Je ne veux pas te brusquer. C'est nouveau pour toi, c'est normal que ça te trouble. Tu réfléchis, tu vois…
Voilà exactement la phrase que je ne voulais pas avoir à prononcer. Tu n'as pas le droit de me faire ça Violette, pas après cette nuit. Avant passe encore… mais pas maintenant, NON !
– C'est compliqué tu sais. Je n'arrive pas à comprendre ce qui m'a poussée, si c'est une envie refoulée que j'avais en moi, si c'est à cause de cette fille que j'ai aimée.
– Ah oui ! Marion… Je m'appelle Julie, tu te souviens ?
– Je sais. Je ne veux pas te faire souffrir… je…
Mais Julie a raccroché.
Et puis merde, le mur ! Tu as fini par te le prendre, hein ? Il n'était pas là où tu l'attendais, juste un peu plus loin, mais bon, tu te le manges quand même… Ce que tu peux être cruche… Combien de fois faudra-t-il te le répéter :
ON NE TOUCHE PAS AUX HÉTÉROS !
Même aux hétéros qui se posent des questions. C'est pourtant pas compliqué, bon sang !
Là-dessus, de rage, elle jette son portable au sol, roule sur le dos et hurle un grand coup.

Franck finit les valises. Tout est prêt. Fidèle à ses habitudes de scientifique consciencieux, il a établi une liste : vêtements, sous-vêtements, trousse de toilette, passeport, guide de voyage, etc.

Il a prévu d'aller chercher Violette à la sortie des cours, il l'emmènera dîner à la Closerie des Lilas, et là, pendant qu'elle touillera son *expresso*, il posera les deux billets de l'Orient-Express sur la table, négligemment… Résultat assuré. Il en salive d'avance.

Elle qui l'a si souvent taxé de pragmatisme, elle en sera pour ses frais !

Dans un premier temps, il avait concocté ce plan, du dernier romantisme, dans le seul but de lui plaire. Il suivait un protocole :

« Expérimentation de demande en mariage.

« Phase I : réunir les conditions propices à une réaction positive. »

Il n'avait pas prévu d'y prendre goût…

À présent, il se voit dans ce train, luxueux et désuet, déambulant dans les couloirs, s'asseyant à une table du wagon-restaurant, tenant la main de Violette posée sur la nappe de fil blanc, tandis que la campagne italienne défile sous leurs yeux.

Après tout elle a peut-être raison, le romantisme est une expérience qu'on se doit de tenter.

Julie a raccroché. Mais qu'a-t-elle bien pu dire ? Elle n'aurait pas dû parler de Marion, c'est sûrement ça. Elle se sent bête. Aussitôt, elle tente de la rappeler, mais tombe sur sa boîte vocale.

– Julie ? Excuse-moi Julie, je ne voulais pas te faire de mal. Je… j'ai aimé cette nuit avec toi… énormément. Ça m'a bouleversée et je me pose plein de questions. J'ai juste besoin de

t'en parler. Rappelle-moi… s'il te plaît.
Depuis Violette surveille son téléphone. Infidèle à ses habitudes, elle l'a laissé allumé sur son bureau. Elle guette la moindre de ses vibrations. Elle se sent étouffée de fatigue et d'anxiété, à la fois abattue et surexcitée.
Mais Julie ne rappelle pas.
Après tout c'est peut-être elle qui a raison, il vaut sûrement mieux oublier, tout de suite, vite, pour moins souffrir.
Elle décide qui si elle ne l'a pas appelée avant la fin de son cours, elle ne le fera pas non plus. Elle décide qu'elle éteindra son portable et le laissera en sommeil. Ça lui évitera de passer son temps à le surveiller comme une mère penchée sur son enfant malade. Cette décision, même si elle ressemble à une de ces résolutions de Nouvel An qui s'évapore le deux janvier, a au moins le mérite de la réconforter.
Enfin, seulement jusqu'à ce que la sonnerie retentisse en écho dans les couloirs de l'université. Son carillon aigu transperce alors l'estomac de Violette. Elle sursaute.
Sans même saluer ses élèves, leur tournant le dos, elle s'approche de son bureau, contemple l'écran de son téléphone, l'implore une dernière fois, puis fermant les yeux, l'éteint d'un geste brusque.
Oublie, Violette, oublie, réintègre ta vie…

Franck peste dans les embouteillages. Il n'a pas prévu le rush des Parisiens pressés de s'évader pour aller respirer le vert du printemps hors de leur prison de bitume, en ce premier soir des vacances de Pâques.
Il ne sera jamais à l'heure, merde !
S'il n'arrive pas à attraper Violette à sa sortie de l'université, sa soirée est compromise. Ça commence mal le romantisme. Ne serait-il pas plus facile d'admettre qu'il n'est simplement

pas fait pour ça ?
Il a bien essayé de la joindre, mais son portable est coupé.

Dans les couloirs déserts de l'université, Violette traîne son pas lent. Elle n'est pas pressée de quitter cet endroit. Elle s'y sent au chaud, rassurée par les vieux murs épais de savoir qui la protègent. Ici au moins, elle sait qui elle est, dehors c'est moins clair… Elle voudrait pouvoir passer les vacances comme ça, au calme. Elle a besoin de laisser ce qu'elle vient de vivre se déposer en elle. Tout ça est trop rapide, trop violent.
Elle finit tout de même par quitter son refuge, à regret, après avoir aimablement salué le gardien :
– Bonnes vacances !
– Oui, vous aussi !
Elle se dirige vers le métro. Sa tête bourdonne. Elle s'engouffre dans la station.
Elle pense qu'elle n'a pas envie de voir Franck, qu'elle voudrait être seule.
La rame arrive dans un fracas, poussant devant elle un air chaud qui empeste le caoutchouc tiède.
Peut-être devrait-elle le quitter…
Les portes s'ouvrent, déversant une foule pressée.
Oui, c'est ce qu'elle va faire.
Elle monte et saisit d'une main distraite la barre en aluminium.
C'est l'attitude la plus honnête, elle ne peut pas continuer ainsi, pas après cette nuit.
Elle sent la saleté grasse poisser sous ses doigts. Ses yeux la piquent de fatigue, elle les plisse douloureusement. La sonnerie retentit, annonçant le départ imminent.
« Tûûûûûûûût… »
Alors, inexplicablement, ce bruit lancinant a sur elle un effet

inattendu. Elle sort de sa torpeur et plonge sur le quai, évitant de justesse de se faire prendre en sandwich par les battants qui se referment.
Le métro s'ébranle et repart.
Elle marche vers la sortie, elle court.
Il faut qu'elle voie Julie.
Elle grimpe les escaliers.
Il faut qu'elle lui parle.
Elle débouche dans la rue et s'engouffre sur le boulevard.
Même s'il ne doit plus jamais rien y avoir entre elles, elles ne peuvent pas se quitter comme ça, sur un coup de fil inachevé.
Elle bouscule les passants sans excuses.
Elle arrive devant le cinéma. Elle s'arrête un instant, reprend son souffle, s'avance pour pousser la porte, lorsqu'une main s'abat sur son épaule.
– Violette !
– Franck ?
– Je suis si content de t'avoir trouvée, je n'espérais plus !
– Mais... qu'est-ce que tu fais là !
– Je t'expliquerai, viens. Quand je t'ai vue, j'ai jeté ma voiture n'importe où, je suis super mal garée, dépêche-toi !
Il la prend par la main et l'entraîne. Elle se retourne une dernière fois, juste le temps d'apercevoir la façade vieillotte du cinéma entre deux passants. Et, juste au-dessus, la fenêtre aux rideaux fermés, derrière laquelle, il y a quelques heures à peine...

Il est bientôt neuf heures, Julie est assise au milieu de la salle, seule. Enfin pas tout à fait, sur l'écran, Jean Gabin et Arletty se donnent la réplique en noir et blanc. *Quai des brumes.*
Elle se sent aussi sombre que l'air pesant qui l'enveloppe. Elle

voudrait se fondre dans la toile, s'évader dans cet ailleurs virtuel où Violette n'existe pas, où tout n'est qu'image éphémère. Elle voudrait être projetée, elle aussi, dans une autre vie, dans un autre film.

Sans le vouloir, Julie a réveillé chez Violette un souvenir enfoui et douloureux. Mais Violette n'est pas la seule à endurer la présence de ses fantômes. Julie à son tour se trouve plongée dans une douleur qu'elle a déjà connue.

Cette peur qu'elle a perçue dès qu'elle s'est sentie attirée par Violette, cette crainte sournoise qui s'est concrétisée, inévitable, comme l'issue d'un cauchemar récurrent, cette panique qui, par réflexe, lui a fait jeter son téléphone au loin. Toute cette angoisse porte un nom.

Celui de son premier amour. Celui de cette fille qui, malgré elle, l'avait amenée à admettre la vraie nature de son désir : les femmes.

Celle qu'elle avait aimée secrètement pendant des mois et dont elle avait espéré être aimée en retour. Elles qui étaient si proches, si semblables, elles dont la complicité était si évidente.

Progressivement, elle s'était enhardie, lui avait pris la main, l'avait serrée dans ses bras. Jusqu'au jour où pleine d'audace, elle avait tenté de l'embrasser. Mais elle avait été repoussée et ce qu'elle avait lu dans les yeux de son amour d'alors l'avait marquée au fer : reproche, rejet, dégoût.

Elle n'était pas un homme et l'intimité qu'elle convoitait lui était interdite…

Et voilà qu'encore une fois on la blâmait de ne pas posséder le précieux appendice et la dose de testostérone afférente, d'évidence incontournable à la conquête de la plupart des femmes…

Le rayon de lumière mouvante balaye l'écran. Julie voudrait se fondre dans cette matière inexistante, devenir un de ces simples

photons inconscients qui, mêlé aux autres, sur cette toile magique, fait naître l'émotion dans le cœur des spectateurs. Elle souhaiterait être lumière, elle n'est qu'ombre.
Le générique de fin défile, la musique est aigrelette.
Mais que vient donc y faire ce son strident ? Un téléphone ? Ici ?
Ça ne peut pas être le sien, il a rendu l'âme lorsqu'elle l'a fracassé à terre tout à l'heure. Alors quoi ?
Elle se lève et farfouille sous les sièges. Deux rangées plus loin, elle découvre le fautif. Il se remet à sonner de plus belle.
– Allô ?
– Super, je vois que quelqu'un l'a trouvé !
– Hein ?
– Mon téléphone !
– Ah ! oui.
– Vous êtes au cinéma, non ? C'est là que j'ai dû l'oublier !
– Oui, je l'ai trouvé sous un siège.
– Écoutez, je suis embêtée, j'ai un train à prendre, et j'ai absolument besoin de mon portable, vous pourriez me l'apporter à la gare ? Je vous paye le taxi !
– Euh… Eh bien, je…
– Allez, s'il vous plaît. Ça m'est arrivé à moi aussi d'avoir à rapporter son portable à quelqu'un. Et puis tiens, si vous voulez, je vous invite en voyage avec moi, j'ai un billet en trop !
– Violette ?… C'est toi Violette ?
– Dépêche-toi, le compteur tourne !
Julie déboule dans le hall comme une affolée et échoue sur le sourire de Rosie qui la considère tendrement. Dans une main, elle tient un portable et dans l'autre un petit sac. Rosie sait quelque chose, c'est évident.
Soudain Julie comprend. Elle revoit Rosie se faufiler dans la salle avant la fin du film…

– C'est toi hein ? C'est toi qui as caché son portable dans la salle ? Et elle s'est servie du tien pour appeler !
Disant cela, elle pointe du doigt la main coupable de Rosie qui serre encore son téléphone.
Violette a voulu lui rejouer la scène de leur premier échange.
C'est comme dans un film, elle est enfin sur l'écran…
Mais qu'est-ce que je l'aime cette fille !
– Dis-moi où elle est !
Rosie ne dit rien, il n'y a rien à dire. Elle sourit et lui tend le sac.
– Tiens, je t'ai mis quelques affaires pour le voyage. Tu m'enverras une carte postale, hein ? Allez, file ! Il y a quelqu'un qui t'attend, juste là…
Et du menton, elle lui désigne la rue où un taxi attend, portière ouverte.
Julie saisit le sac, embrasse violemment Rosie sur la joue et s'engouffre dans le taxi.
Violette est là, assise sur la banquette. Elle se ressaisit.
– Tenez, voici votre portable. Ça tient toujours pour le voyage ?
En guise de réponse, Violette la prend dans ses bras, s'enfouit dans son odeur et décide pour de bon qu'elle renonce à comprendre. Certains principes doivent être admis sans démonstration, on les appelle des postulats. Son attraction pour Julie en est un.
Elles se regardent, leurs lèvres s'unissent, leurs langues s'enlacent et l'univers oublie un temps qu'il a été créé…
Le chauffeur du taxi, quant à lui, discerne indéniablement la palpabilité du cosmos, comme quoi la perception des choses ne dépend que du point de vue de l'observateur…
Il leur en fait part, gêné.
– Hum… Mesdames ?
– Oui ?

– Où allons-nous ?
Julie regarde Violette, interrogative. Elle lui rend un sourire.
– À Venise. Mais, si ça vous fait trop loin, posez-nous à la gare de Lyon.

Les lois de la nature

Refca Milhovitch

– C'est fini alors ?
– Oui.
– Tu vas quand même dormir ici ?
– Non, je crois qu'il vaut mieux pas.
– S'il te plaît !
– Ne pleure pas. Emma, je t'en prie. C'est mieux si j'y vais maintenant. Après ce sera encore plus dur. Je t'appelle demain.
– Reste !
– Emma, calme-toi.
– Reste ! Marie, s'il te plaît, reste. Reste avec moi cette nuit. Juste cette nuit. Après tu partiras si tu veux.
– C'est bon, je reste. Mais juste un peu. Je veux pas louper le dernier métro.
Emma était enfoncée dans le canapé, la tête basse et les poings serrés. Vous vous êtes assise près d'elle. Aussitôt elle s'est blottie contre vous. Sa tête pesait soudain contre votre poitrine. Elle a allongé ses jambes. Le chat est venu s'y lover. Elle pleurait encore, mais doucement. Quelques minutes après, elle s'est assoupie et vous avez éteint. Dans l'aquarium aux vitres sales, posé sur la commode, une femelle pleine tournait sous un halo vert. Elle allait pondre dans cette eau trouble qu'Emma ne nettoyait jamais. Vous étiez en colère. Sa tête s'alourdissait

encore un peu plus contre votre poitrine. Vous n'aviez pas sommeil. Le dernier métro était dans une heure. La table basse était jonchée de bouteilles de bière vides. Toute la pièce empestait l'herbe et le tabac froid. Vous aviez une terrible envie de partir.

Vous n'auriez pas dû. Après un an de séparation, vous n'auriez pas dû refaire l'amour. C'était couru d'avance que vous aviez juste envie de mordre son cou, de sucer ses seins, d'embrasser son ventre, de mettre vos doigts dans son cul et votre langue dans son sexe. Et qu'après ne resterait qu'un goût amer. Vous aviez eu ce que vous vouliez. Maintenant vous étiez sèche. Vous ne ressentiez plus rien du désir qui vous avait conduite ici. Vous aviez la bouche pâteuse, la langue chargée et une nausée tenace d'avoir mélangé l'alcool et l'herbe. Elle vous aimait. Elle souffrait. Rien à dire de plus. Juste que vous vous sentiez la dernière des salopes. Un poison violent que vous veniez une fois de plus d'injecter dans les veines d'Emma. Un poison aussi opaque que ce putain d'aquarium à la lueur glauque que vous aviez envie de balancer par la fenêtre. Petits poissons à naître ou pas. Les bébés avec l'eau du bain. Et voilà tout. *Basta cosi.*

Vous aviez trente ans. Emma était votre première amante. Dans les bras des hommes, après l'amour, souvent vous pleuriez. Était-ce pour ça qu'ils vous quittaient ? Dans ceux d'Emma vous n'aviez pas pleuré et c'est vous qui étiez partie. Très vite, vous n'aviez plus supporté l'odeur de tabac froid et son affection étouffante. Vous n'aviez plus désiré son corps, l'odeur de son corps, l'odeur du corps d'une femme. Très vite, la toucher vous avait rebutée. L'envie était morte. Pire même. Ce dégoût. Ce rejet. Tenaces. Visqueux comme un poisson mort.

– Ils vont crever tes poissons si tu ne changes pas l'eau plus souvent.

– Fous-moi la paix avec mes poissons !

– Oh ! T'es vraiment trop conne ! J'me tire !
– C'est ça, fous le camp ! Bon vent !
Avant Emma, les femmes c'était le vagin de votre mère, par lequel vous étiez passée « comme une lettre à la poste », le toucher rectal d'un médecin, ou le gant rêche passé sur vos seins par une femme nue, suintante et grasse, les cuisses en tenaille autour de vos hanches, dans la vapeur étouffante d'un hammam de Marrakech.
Quelques mois après la séparation, quand il vous arrivait de croiser Emma chez des amis communs, vous aviez brusquement envie d'elle. Bien sûr elle souffrait et c'était insoutenable. Elle le savait. Elle partait vite. Et à chaque fois, vous aviez le désir violent de lui courir après, d'entendre vos pas résonner dans la cage d'escalier, claquer sur le trottoir, de la rattraper, de lui empoigner le bras, de la retourner, de plonger vos yeux dans les siens. Et puis de lui dire « viens », de lui mordre le cou sous une porte cochère, d'ouvrir les boutons de son jean, de glisser votre main dans son sexe pour la faire jouir. Vite. Et puis de l'enlacer tendrement, de la serrer contre vous avant de tourner les talons, de la laisser désemparée, jusqu'à la prochaine fois. Mais, vous restiez plantée au milieu du salon, votre verre vide à la main, à éprouver la déchirure que laissait sa soudaine disparition.
Vous vous étiez mise à tenir un bulletin de vos « variations sensuelles » : « Dimanche. J'ai collé mes cuisses à ses fesses. Et puis très vite, c'est allé trop vite. Cent à l'heure sur le cent cinquante centimètres cubes et la vie qui défile, le casque qui cogne contre le sien aux coups de frein, les seins collés à son dos pour mieux pénétrer l'air. Dans la campagne, l'odeur âcre du lisier énerve, dans le ciel, les nuages noirs coagulent, dans le rétroviseur, le reflet de sa gorge bronzée. Je la serre plus fort. Envie terrible de mordre son cou… Quelques minutes auparavant je m'étais laissée faire. Cou tendu, menton levé comme

un enfant abandonne à sa mère le nœud du lacet qui lui résiste. Hélène avait ajusté la jugulaire de mon casque lourd, rabattu ma visière soudain voilée du reflet noir du ciel et des nuages sur le point d'éclater. »

Et puis il y avait cette envie brutale de femme enceinte de mordre dans un sein comme dans un sorbet à la fraise. D'où ça vous venait cette envie soudaine de mordre un sein ? De sucer un sein ? D'avoir autre chose qu'un sexe d'homme dans la bouche ? Jusque-là ça vous avait suffi, les fellations. Dans le doute, vous aviez demandé à votre mère. Non, elle ne vous avait pas donné le sein. Ses tétons étaient rentrés. Impossible de tirer dessus. Il avait fallu vous contenter de mastiquer un vulgaire embout de caoutchouc. À la limite vous pouviez avoir la nostalgie du biberon, mais sûrement pas celle inconsolable de la séparation d'avec le sein maternel. Alors d'où ça venait cette soudaine affection pour les glandes mammaires ? Ce sentiment de détresse, de perte, si vous n'aviez pas à présent un sein dans la bouche pour vous rassurer ?

Dans le sol, vous avez ressenti les vibrations du métro. Vous avez passé la main sous la chemise d'Emma. Elle avait les seins libres. Vous avez pris le gauche dans votre paume. Il était petit et ferme. Ce soir, plus que tout autre, vous aviez eu envie de la peau d'une femme, des seins tendus d'une jeune femme. Emma aurait eu des seins comme des gants de toilette, vous ne seriez pas revenue. Pire qu'un mec ! Voilà ce que vous étiez. Pire qu'un mec avec une bite à la place du cerveau.

Enfant, vous préfériez les poupées Big Jim aux Barbie et vous seriez allée à l'école en costume de Zorro si votre mère ne vous avait pas forcée à mettre des jupes. Vous aviez toujours voulu être un cow-boy avec les jambes arquées, une barbe de trois jours, un cigarillo au coin des lèvres, un gros ceinturon et un colt attaché à la cuisse. La vie cadrée en plan américain, juste en dessous de la ceinture pour bien voir le six coups à l'écran.

Malheureusement, vous aviez toujours eu le sentiment d'être hors champ ou bien cadrée trop au-dessus de la ceinture. Dans les nuages. Le cameraman avait dû faire un faux pas, trébucher sur un cactus, se casser la gueule et la caméra tournait à vide pointée vers le ciel. Peu à peu les nuages s'amoncelaient. Il fallait bien un jour que ça éclate. Que ça crève avec la violence d'un orage tropical. Ou c'est vous qui alliez en crever et finir le ventre en l'air au fond de l'aquarium.

C'est sous la mousson de Huê au Viêt Nam que vous aviez eu vos premiers émois. Sous la pluie tropicale, la ville semblait soudain parcourue par une légion de fantômes pétaradant et courts sur pattes. De dessous les pans des ponchos translucides abattus sur les globes des phares blancs, des centaines de faisceaux lumineux zébraient l'air comme autant de coups d'épée dans l'eau. On aurait dit que la ville était alors la proie d'une armée de vers luisants chevauchant des Honda basses. Il était toubib. Vous étiez venue le rejoindre dans cette ancienne cité impériale au bord de la rivière des Parfums. Mais vous n'aviez d'yeux que pour les femmes d'ici. Après la mousson, pour se protéger des morsures du soleil, elles dissimulaient leur visage sous un foulard, portaient de longs gants crème et un chapeau conique retenu sous le menton par un ruban de tulle acidulé. En ao daï, tunique et pantalon de soie ou de coton clairs, dont la transparence et la large échancrure au niveau de la hanche laissaient entrevoir une chair à laquelle, jusqu'ici, vous n'aviez jamais prêté attention, elles avaient une grâce qui vous troublait. Et lorsqu'elles pédalaient, elles se tenaient droites comme des I, le port de tête majestueux, les pans de leur tunique volant derrière elles comme la traîne d'une mariée en retard à sa noce. Alors quelque chose se déchirait en vous. Vous ressentiez une paix, une tendresse. Peut-être même un désir. Peu de temps après votre retour, il vous quittait.

Dans son sommeil, Emma a prononcé quelque chose. Vous

avez cru entendre « maman ». Mais c'était peut-être « nan, nan ». Décidément, c'était effrayant cette manie qu'elle avait de parler en dormant. Un filet de bave coulait le long de sa commissure, se répandait sur votre tee-shirt, se mélangeait aux larmes et à la morve qui avait laissé des filaments blancs et durs comme de la poussière d'os de seiche quand on le frotte entre ses doigts. Curieusement ça ne vous dégoûtait pas. Comme la morve ou la merde d'un enfant ne dégoûtent pas sa mère. Vous lui avez caressé le front. Vous vous rappeliez le jour de votre rencontre.

Dans la rue devant tout le monde, vous l'aviez injurié :

– Viens là espèce de sale connard ! Si tu crois que j'ai pas vu ton manège espèce de salaud !

Il s'était retourné. Il avait les poings enfoncés dans les poches de son imperméable. Vous saviez qu'en dessous, il avait la bite à l'air et qu'il ne bandait pas. Vous aviez encore gueulé, plus fort, pour que les passants, qui commençaient à s'attrouper dans la rue étroite, puissent vous entendre :

– Viens là que je te défonce la tête ! Vas-y viens ! Viens ! Je vais te démolir le portrait espèce de gros dégueulasse !

Le type avait fait quelques pas vers vous en tenant son imper plaqué contre lui. Il avait gueulé :

– Qu'est-ce qu'il y a ? Qu'est-ce que vous me voulez ? Vous êtes complètement folle.

– T'es un sale pervers, un branleur. Si tu fais un pas de plus, t'es un type mort.

– Ouais c'est ça. Tu crois que tu me fais peur ? Tu veux que je te mette une gifle pour te calmer espèce de petite poufiasse ?

Votre compte était bon. Mais vous aviez encore attaqué.

– Je l'ai vu, il m'a abordée pour me demander du feu et il se branlait sous son imper. Espèce de sale branleur !

Quelques passants offusqués encerclaient le type qui avait brusquement bifurqué dans une rue adjacente. Il avait filé

sans demander son reste.
Vous étiez rouge de colère, le cœur battant et les mains moites. Vous auriez voulu qu'il vous casse la gueule. Vous auriez voulu vous battre, lui démolir le portrait. Prendre des coups et en donner, vous rouler par terre, sentir vos pommettes éclater sur la bordure du trottoir, dégueuler dans le caniveau, vous relever le visage ensanglanté.
Vous serriez encore les poings quand une main s'était posée sur votre épaule.
– C'est vachement héroïque ce que vous avez fait. Moi c'est Emma et vous ? Je vous invite à prendre un verre.
Elle avait des yeux de chat et une voix rauque qui vous avaient émue.
Très vite dans la conversation, elle vous avait dit qu'elle préférait les filles. Vous aviez baissé le nez vers le fond de votre tasse. Mais, dans la rue, lorsqu'elle marchait devant vous, vous regardiez son cul en vous faisant l'effet d'un gros dégueulasse, d'un mec avec une bite à la place du cerveau. À ses côtés, vous aviez enfin le sentiment d'être le roi de la jungle. Et puis, un soir, c'est venu. L'envie de lui rouler une énorme pelle, comme ça, à l'entrée du métro, au moment de vous séparer. C'était d'autant plus étonnant que vous aviez horreur de fourrer votre langue dans la bouche de quelqu'un, mâle ou femelle. Vous lui aviez fait la bise.
– On ne va pas se quitter comme ça. Tu viens dîner à la maison.
– Ben, je ne sais pas.
– Allez Marie ! Ne fais pas ton ours. Viens.
L'après-midi, à la fête foraine, Emma avait gagné un poisson rouge. C'est vous qui aviez trimballé le sac plastique jusqu'à chez elle. Vous vous étiez assise sur le canapé pendant qu'elle transvasait la bestiole dans l'aquarium, sous les yeux du chat, avant de demander :

– On l'appelle comment ?
– J'en sais rien.
– Tu fais la tête ?
– Non, non.
– Je te sers quelque chose ?
– Une bière si tu as.
– Je vais t'en chercher une.

Elle vous avait servi puis s'était assise dans un fauteuil en face de vous en allumant une cigarette qu'elle venait maladroitement de rouler. Quelque chose clochait. Dans le sol, vous ressentiez à intervalles réguliers les vibrations du métro. Un jazz cool s'échappait des enceintes. Elle se tortillait les mains. Vous sentiez qu'elle n'osait pas. Vous vous étiez entendue prononcer « viens ». Aussitôt elle s'était approchée, s'était assise contre vous et doucement, tendrement, avait posé des baisers sur votre cou, sur votre gorge. Elle avait murmuré « tu sens bon » de sa voix rauque qui vous plaisait tant. Vous aviez tout de suite eu envie qu'elle vous suce le bout des seins. Mais vous n'aviez rien montré. Vous ne la touchiez pas, bien trop étonnée par l'effet que ses baisers produisaient sur votre peau, dans votre corps, dans votre ventre, dans votre sexe. Vous aviez eu envie que ça aille plus loin, de lui ouvrir vos cuisses. Vous l'aviez laissée vous caresser, vous embrasser, vous sentir. Sa main était descendue le long de votre poitrine. Elle s'était allongée contre vous et vous aviez senti qu'elle commençait à se frotter contre votre cuisse serrée dans un jean. Et plus elle se frottait et plus elle vous embrassait dans le cou, cherchait votre langue. Mais non décidément, vous n'aviez aucune envie de la mettre dans la bouche de quelqu'un. C'était quand même un handicap ce truc. Un peu comme d'avoir les mains moites ou des bouffées de chaleur. Elle avait joui. Vous étiez restées longtemps enlacées sans plus bouger, à peine déshabillées. Et puis vous aviez recommencé dans le lit. Nues, vous aviez exploré plus loin jusqu'à vous endormir dans les bras l'une de l'autre.

Peu de temps après, vous l'aviez quittée. Mais la nuit, elle hantait vos rêves : « Vous avez recommencé plusieurs fois tellement vos mains tremblaient. Le tabac se tassait trop ou pas assez et quand vous parveniez enfin à l'égaliser, la feuille, devenue humide par le contact avec vos doigts couverts de terre et de fumée, se déchirait. Vous étiez à bout de nerf. Finalement, vous l'avez coincée entre vos lèvres cette fichue cigarette qu'une flamme venait d'allumer. Vous avez tiré dessus à vous en creuser les joues. Elle se consumait vite. Vous la teniez fort entre vos doigts collés juste sous votre nez. L'odeur âcre de racines fumantes et d'écorces crépitantes se précipitait dans vos narines. Vos ongles étaient noirs de crasse. Le vernis avait craqué. Il n'en restait plus que quelques traces encore visibles au ras des cuticules. À la manière d'un GI, vous avez emmailloté le paquet de tabac dans la manche de votre tee-shirt.
« Partout, les flammes léchaient les collines, fendaient le bois des maisons, faisaient bûcher au pied des séquoias centenaires. Vous ne pleuriez plus. Votre visage avait pris une sorte d'air tragique et serein et vos yeux très bleus se résignaient. Forcément avec des yeux pareils vous ne pouviez qu'être blonde. D'ailleurs des mèches pâles s'échappaient du casque lourd que vous n'aviez pas pris la peine d'ôter : "Restez opérationnelle !" avait ordonné le sergent. Mais les vents brûlants rendaient insupportable le port de la combinaison orange dont vous aviez noué les manches autour de votre taille. Sur votre poitrine, on pouvait lire : "Malibu, section du comté de Ventura."
« Ça faisait un moment que je vous observais, derrière le verre embué et taché de mes lunettes de protection. Quand je me suis enfin décidée à m'approcher de vous, vous m'avez offert du tabac que vous avez pris dans la manche de votre tee-shirt que vous aviez enroulée sur l'épaule à la manière d'un GI.

« Vous m'avez vue, c'est sûr, malgré mes lunettes de protection, baisser les yeux vers votre poitrine et puis les relever vers votre visage qui avait quelque chose de tragique et de serein. Votre bouche était sale. J'avais envie de l'écraser comme une fraise trop mûre et d'étaler la crasse tout autour avec ma langue. Partout sur votre visage, dans votre cou, dans vos cheveux, derrière vos oreilles, sur votre nez…

« “Non merci, je ne fume pas.” Mon refus poli vous a laissée indifférente. La fumée de votre cigarette me prenait à la gorge. “J'y retourne”, avez-vous lancé d'une voix rauque en écrasant votre mégot sous votre botte. Vous avez empoigné la hache posée contre un tronc et pris la direction des flammes sans me laisser le temps de vous dire que je venais de New York, que c'était inscrit sur mon casque, “là, vous voyez”. Je l'avais ôté et attaché à la ceinture de ma combinaison jaune frappée d'un écusson dont maintenant j'emplissais les poches de mes poings fermés. Et je pouvais sentir entre mes yeux et le verre taché et embué de mes lunettes de protection monter la démarcation d'une ligne de flottaison comme l'eau de la piscine quand elle s'infiltre en dessous du joint lâche. Alors soudain, de dos et casquée, votre silhouette n'était plus qu'un minuscule point d'incandescence flou et flottant pour mes yeux en apnée. »

Au réveil, vous pouviez encore sentir les doigts d'Emma dans votre sexe comme la présence obsédante d'un membre fantôme après l'amputation.

Dans l'appartement régnait un silence de mort. Les vibrations du métro avaient cessé. Vous aviez raté le dernier depuis longtemps. Vous avez retiré votre main de dessous la chemise d'Emma. Vous lui avez doucement fait passer une mèche blonde derrière l'oreille pour dégager son visage. Vous aviez envie de souffler sur ses cils pour la faire grogner, l'agacer un peu. Mais vous n'avez pas osé. Vous n'aviez plus tellement envie de partir.

Les paroles de votre mère vous revenaient : « Je veux bien être tolérante, mais quand même, on ne m'ôtera pas de la tête que l'homosexualité, c'est une maladie. Un homme et une femme, c'est fait pour aller ensemble. Ce sont les lois de la nature. N'est-ce pas mon chéri ? » Votre père était un taiseux. Mais cette histoire de lois de la nature, ça revenait souvent sur le tapis. Untel est pédé. Celle-ci est lesbienne. Non vraiment, ce n'est pas normal. En toute logique, un homme et une femme sont équipés pour s'accoupler. Une prise mâle dans une prise femelle, un moins et un plus... Curieusement, vous, c'était l'hétérosexualité qui vous rendait malade. Après le premier rapport, vous étiez prise de nausées et de vomissements. Difficile de lui faire croire que vous étiez déjà enceinte. « C'est rien, un truc que j'ai mangé et qui passe pas. » Mais c'est sa bite qui ne passait pas. Avec Emma, vous n'aviez pas vomi.

Les heures avaient passé et vous vous étiez un peu assoupie jusqu'au moment où le chat s'était mis à miauler. Curieux comme les gens qui ont des poissons rouges ne peuvent pas s'empêcher d'avoir un prédateur. Les lois de la nature sans doute… Le bras que vous aviez passé derrière le dos d'Emma grouillait de fourmis. Vous l'avez dégagé.

– Tu t'en vas ?

– Non. Je reviens. Je vais juste donner à manger au chat. Dors encore un peu.

En passant vous avez éteint les poissons.

Ballade marseillaise

Anne Gaillard

Dimanche 3 avril.
Je hais le jour du Seigneur. C'est un jour vide. Vide comme les petites villes de province. Les gens fuient les rues pour remplir les stades. Je viens juste de débarquer dans cette ville. Je ne connais personne. Tout au plus des relations qui n'ont aucune envie de me voir troubler leur repas familial. Alors je reste chez moi. Seule. La coutume veut que le dimanche soit mon jour de déprime. Cette inactivité me pèse mais je ne peux lutter contre elle. Et malgré le vide des programmes, je m'abrutis devant la télévision. Si je ne fais pas attention, je me retrouve à mater « Vidéo gags ». À midi, j'aurais passé mon déjeuner à insulter le présentateur de « Carte postale gourmande ». Il a le malin plaisir de me narguer sur la merde que je mange pendant que Monsieur se délecte avec des mets exquis.
Cette déprime hebdomadaire a le mérite de me rendre lucide sur ma vie. Elle est aussi vide que ces dimanches. Je suis partie de ma campagne pour tenter l'aventure. J'ai atterri dans cette morgue. Pas d'autre mot pour décrire cette ville qui n'a aucune âme. À partir de vingt heures, elle se transforme en ville fantôme dans laquelle j'erre comme un zombie. Pas d'autre mot, pour décrire cette misère où les locaux fuient les « estrangers ».

Pas d'autre mot, pour décrire cette ville que le brouillard enveloppe des jours entiers. Je suis toujours étonnée d'entendre les indigènes parler français et non anglais.
Pour compléter ce joyeux tableau, j'ai un travail dans lequel je régresse. Mes années d'études ne me servent à rien. On ne me demande pas de réfléchir. Juste de remplir des cases avec des chiffres. Pour mes parents ouvriers, je suis un modèle de réussite. Afin de maintenir le mirage que leurs sacrifices n'ont pas été vains, je leur invente un métier plus exaltant que celui d'espion. C'est affligeant.
Si au moins ma vie sentimentale n'était pas aussi saharienne. Elle se résume au passage en boucle des DVD de la série « L Word », du clip de la chanson *Slow* de Zazie et à fantasmer sur ma voisine quadragénaire. Malgré son âge, elle dégage un charme fou au travers de son élégance. Sa voix grave chavire mon cœur. Je suis atteinte du syndrome de Fanny Ardant. Dans moins d'un mois, je vais souffler les bougies d'un drôle d'anniversaire. Un an que j'assume mon homosexualité. Assumer n'est pas vraiment le terme approprié. Je vais plutôt employer le mot « réaliser ». Après avoir passé dix ans à me précipiter sur des émissions, des magazines évoquant l'homosexualité, je me suis enfin avouée que ce n'était pas pour satisfaire mon insatiable curiosité mais tout simplement parce qu'ils parlaient de moi. Cependant, je n'ai jamais franchi le pas. Je ne sais pas où chercher la perle rare. La femme qui remplira ma vie. Ici, c'est le désert. L'homme a marché sur la lune mais aucun homo n'a foulé cette terre.
Il faut que je m'exile. Que je parte sur Toulouse. C'est à une heure. Mais paresse est mon nom. Elle me scotche au canapé. Elle me permet juste d'appuyer sur les touches d'un boîtier dans le but de nourrir mon cerveau de publicités. La paresse inhibe ma révolte. J'engrange la connerie. C'est déplorable mais c'est ma vie.

Sur Internet. Je m'étonne d'avoir ce soupçon de jugeote. J'oublie. Le débit de mon ordinateur est aussi rapide que l'administration. Mon temps de communication est limité à cinquante heures. Il m'en faut dix pour envoyer un e-mail. Alors discuter des heures avec des filles, c'est *X Files*.

Puis, je n'aime pas chatter. J'ai l'impression de dialoguer avec mon ordinateur. C'est tellement virtuel. J'ai croisé des personnes se mettant à nu devant des inconnues. J'en serais incapable. Avec ma chance, je suis capable de proposer un plan cul à ma mère. Non, j'aime discuter avec des gens en chair et en os. Comme je ne sors pas, je monologue. Au moins, je m'estime intelligente, intéressante et éloquente.

Dix-neuf heures. Je zappe. M'arrête sur les infos régionales. Le club du troisième âge d'un village du fin fond des Landes a organisé son tournoi annuel de belote. La paire Michaud et Durand a conservé son titre. Je résiste à l'envie effrénée d'annoncer cette performance à ma mère. Après les chiens et les mamies écrasés, le scoop tombe. Un bar gay s'ouvre dans ma ville. Je monte le son. La télévision n'a jamais été aussi intéressante.

L'endroit semble moins glauque que son nom Chez Jeanne. Quelque chose m'interpelle. Je ne sais pas quoi. Une silhouette en arrière-plan. J'enrage après le cameraman. Je le supplie de larguer Jeanne pour s'aventurer dans l'arrière-salle. Mais la caméra a décidé de me contrarier. Machinalement, je me rapproche de l'écran. Mon cœur bat et crie.

– Retourne-toi !

Elle s'exécute. Me regarde dans les yeux. Je suis hypnotisée. Je fais un signe pour attirer son attention. Le reportage se termine. Je me retrouve le bras en l'air devant mon poste.

Mes neurones se reconnectent. Je prends ma veste. Elle est au bar. Je dois la rejoindre. Merde ! Ces putains de journalistes n'ont pas donné l'adresse de ce paradis. Ce n'est pas grave. Je n'habite pas New York. Je vais arpenter les rues. Je tomberai bien dessus. Il faut que je me dépêche sinon elle risque de partir. Je pars chercher mon écharpe dans ma chambre. Le miroir m'interpelle. Il me renvoie l'image d'une mégère. Dimanche est le jour du survêtement. Je ne peux pas me présenter à ma princesse dans cette tenue. Adieu survêtement et bonjour jean. Une chemise, des baskets, une veste en cuir. Je suis prête à découdre avec cette ville.

Je saute dans ma Batmobile, direction Chez Jeanne. Pas très « bath » ce nom mais ma Catwoman s'y enfile des bières. Elle n'attend que moi.

Après trente minutes de rodéo, quatre feux grillés et deux chats écrasés, je découvre l'antre secret de sexy girl. Bizarre. L'enseigne n'est pas allumée. Un écriteau sur la porte indique à l'aimable clientèle que le bar est ouvert du lundi au samedi. Il est donc fermé le dimanche sauf si j'ai oublié mes bases de français du primaire. Ce n'est pas possible. Les caméras étaient là, il y a quarante-cinq minutes. Elles me révélaient l'Amour. Soupçon de jugeote. Les reportages sont enregistrés. Parfois l'étendue de ma connerie m'étonne. Mes yeux s'humidifient. La rage s'immisce en moi. Une pierre dans la main, je suis prête à faire voler en éclat la vitrine. Que m'arrive-t-il ? C'est la première fois que je ressens de l'injustice. Ceci indiquerait-il qu'une once de vie s'est réveillée ? Je lâche la pierre. J'essuie mes joues. Remonte dans ma voiture. Adieu Batmobile. Bonjour Clio. Je rentre chez moi. M'écroule sur mon lit. Cette aventure m'a vidée. Je sombre.

Lundi 4 avril.

Ce matin, la sonnerie du réveil est différente. Elle annonce la fin de mon ermitage. Ce n'est pas le fait de travailler qui me plaît. Mais au moins je discute avec des humains. De plus, ce soir, je retrouve ma promise.

Ne connaissant pas ses habitudes, je décide de squatter le bar dès l'ouverture. Une appréhension. Si j'y rencontrais une collègue ? Je serais outée. Je panique. Je renonce à mon escapade. Puis j'aperçois ma chef. Cette vision évacue mon stress. Mes collègues sont de vieilles rombières. Elles ne s'aventurent pas dans ces lieux de perdition même pour s'encanailler. Je maintiens mes projets nocturnes. Je me plonge dans mon travail.
En ce lundi, ma vie subit un dérèglement temporaire. Les minutes s'égrènent comme des heures. Heureux ceux qui trouvent la vie trop courte. J'ai l'impression d'en avoir vécu cinq. Alors que je n'ai subi que trente années, jour pour jour. Je réalise que c'est mon anniversaire. Rien à fêter : trente ans d'ennui. Tous les jours, je prie pour ne pas être un personnage de *Highlander*. M'apercevoir que je suis immortelle. La seule réjouissance des anniversaires est de me rappeler que je me rapproche de plus en plus de ma mort.
Dix-huit heures pile.
Je m'extraie de mon bureau. Me rue au bar. La patronne sursaute à mon entrée fracassante. Me dévisage. Je baisse la tête. Me réfugie au fond de la salle. M'assois. Une inspection rapide des lieux confirme ma première impression : je suis seule. La patronne, petit bout de femme d'un mètre soixante, soixantaine de kilos, cheveux courts, finit de ranger les verres. J'enlève ma veste pour me mettre à l'aise. Je pense être là pour un moment.
J'avais raison. Après six bières et six heures d'attente, je me résigne à rentrer bredouille. Chaque ouverture de la porte d'entrée me provoquait un haut-le-cœur. Je rentre seule. Je n'ai pas vu l'ombre de ma muse. Peu importe, *I'll be back*.

Mercredi 6 avril.
Troisième jour que la patronne me voit débarquer à dix-huit

heures. Elle semble intriguée. M'aborde alors que je suis affalée sur le bar.
– Je fais assez longtemps ce métier pour savoir que tu attends quelqu'un.
– Exact.
– Je peux t'aider car je connais quasiment tous mes clients.
Je me raidis. Je suis de nature méfiante. Je n'aime pas étaler ma vie. Mais je sens poindre l'échec. Cette femme peut être une alliée.
– Je cherche une fille qui était à l'inauguration.
– Son nom ?
– Je ne sais pas.
– Dur. Lors de cette soirée, le bar grouillait de goudous.
– Elle était grande, belle, brune, cheveux courts, yeux bleus, débardeur noir KC et un poignet de force.
La justesse de la description m'étonne. En dix secondes, j'avais réussi à graver son image.
– Je vois. Mais je ne la connais pas. Elle n'est pas d'ici.
Coup de poignard. La patronne décèle ma détresse. Elle rajoute :
– Mais la fille, à la table là-bas, la fréquente. Elle pourra te renseigner.
Mes joues s'empourprent. Ma mine réjouie provoque chez Jeanne un vomissement de calomnies :
– Méfie-toi de la belle inconnue. C'est une chasseuse. Elle appâte, attrape et jette sa proie une fois son désir assouvi.
Je la regarde avec incrédulité. Je connais ces accusations. Elles sont prodiguées par les personnes jalouses. Vu la tête de cette mégère, je conçois cette mesquinerie. Sans remerciement, je pars m'isoler.
Je suis assise en face de la fille dépeinte par la patronne. Ce beau brin est la clé qui révèlera les secrets de ma mystérieuse. Comment l'aborder ? Je ne suis pas coutumière du fait. Il y a

trois jours, j'étais vierge de bar gay. Aujourd'hui, je dois me précipiter dans la gueule de la louve.
Draguer une fille. Je réfléchis à comment l'aborder. Mes yeux sont rivés sur elle. Elle s'en aperçoit. Me sourit. S'avance vers moi. S'assoit en face de moi.
– Bonsoir, je ne t'ai encore jamais vue.
– Moi si. À la télé. Le soir de l'inauguration.
Elle sourit, flattée de cette reconnaissance.
– Une fille, brune, cheveux courts et poignet de force t'escortait.
– Malheureusement.
– Pourquoi ?
– Depuis une semaine j'essaie de l'oublier. Elle m'a virée comme une malpropre. Ce dossier doit rester clos.
Je compris que je n'obtiendrais pas de plus amples informations. J'étais condamnée à faire la conversation à cette starlette de la télé. Pendant toute la soirée, j'ai essayé subrepticement de ramener le sujet sur la table mais elle était plus intéressée par ce que j'avais sous la table. Je dois m'y résoudre. Ce soir, je vais passer à la casserole. J'espère que les conversations sur l'oreiller seront plus fructueuses.

Jeudi 7 avril.
Que dire de cette nuit ? Elle a été instructive. Instructive est le terme approprié. C'était la première fois que je couchais avec une femme. Champagne ! Bien que cette nuit n'ait rien eu d'exceptionnelle. J'ai mis ma théorie en pratique. En effet, je n'avais jamais péché avec le sexe féminin, mais j'avais mené des recherches sur le plaisir féminin. Je connaissais tous leurs points sensibles. Il ne me manquait plus qu'à réciter mes leçons. Et Sophie, oui c'est le nom de cette blonde insipide, était le cobaye parfait. Elle n'a pas su ou pu éveiller en moi la moindre étincelle. Ce qui m'a permis d'être lucide et méticuleuse. Le

verdict a été favorable, bien que les préliminaires aient été abrégés. Je n'avais pas de temps à perdre. Après deux assauts, ma partenaire a baissé sa garde. J'en ai profité pour porter ma botte secrète. Elle n'a pu parer. Je sortis vainqueur de cette lutte. Le prénom et le lieu de perdition de ma donzelle étaient en ma possession.
Je me suis extirpée du lit en promettant des retrouvailles. Pour la rassurer, je lui ai donné un numéro de portable. Un faux. Évidemment.
Soulagée de respirer l'air frais de l'aube, une vague de joie m'enveloppe. Je danse dans la rue. Mon amour est à portée de bras. Du moins, de train. Dom, ma brunette, vit à Marseille. Pour la déloger, je dois me rendre au bar Cosy situé dans le quartier de la Plaine. Je ne connais pas cette ville mais rien ne m'empêchera de trouver ce lieu. Je tourne à droite. La gare se dresse face à moi. J'y pénètre. Achète un billet aller. Le retour se programmera sur place. Samedi, Dom, je me loverai dans tes bras.

Samedi 10 avril.
Le train démarre. Durée du voyage cinq heures trente. Je me revois, hier, à arpenter mon appartement en me persuadant de ne pas commettre cette erreur. Comme je ne connais rien de cette fille, mille scénarios catastrophes se sont imposés. Mais tous ces doutes se sont évaporés à mon réveil. *Carpe diem*. Si je renonce à mon pèlerinage, ma vie sera un perpétuel regret.
Une voix intérieure m'apaise. Certes, c'est la même qui tous les vendredis soir me persuade de dilapider mon argent avec l'Euromillion en me promettant de remporter le gain.
Gare Saint-Charles. Je suis seule sur le quai. Un sentiment de tristesse. J'espérais son accueil. Cet espoir est totalement idiot. Elle ne connaît pas mon existence.
Une idée fixe emplit mon cerveau. Déloger le quartier de la

Plaine. J'accoste un couple. Il m'indique le chemin.
Je sors en trombe de la gare. La Bonne Mère veille. Je dévale les escaliers. À peine pu admirer les majestueux lions gardant les lieux. Comme une tornade je file. J'arrive sur un grand boulevard. D'après les indications des Phocéens, c'est la Cannebière. Rien d'exceptionnel. Sur ma droite, le Vieux Port. N'étant pas une touriste, je tourne à gauche. Je dois remonter l'avenue jusqu'à une église. Les Réformés.
La voilà. Je traverse l'avenue. J'aperçois à gauche du monument un bar. De beaux spécimens lézardent au soleil. L'image de Dom surgit. Les *bella* du bar se transforment en *cagoles*. Je tourne les talons. Je commence mon ascension. J'atterris sur un plateau ou plutôt une Plaine. Soulagement. Maintenant je dois débusquer l'établissement.
Je divague à travers les rues colorées et animées de tags, de fresques. Ce quartier est assez gai dans tous les sens du terme. Des restos, bars arborent les couleurs de l'arc-en-ciel. Mais toujours pas de Cosy. Une librairie gay. Je choisis la facilité. J'arrête d'user mes baskets sur le bitume. Au diable l'orgueil. Je vais demander mon chemin. Je rentre. L'endroit est paisible. Au fond, un bar et des fauteuils.
Je sollicite la libraire. Elle me sourit les indications. Cependant, le bar n'est accessible qu'à partir de dix-neuf heures. Deux heures à tuer. Dilemme. Au lieu de revêtir l'habit de touriste, je décide de planter mon QG dans cette terre littéraire. Je déambule dans les rayons. Me familiarise avec des noms inconnus : Jung, Scoppetonne, Bouraoui… Une frénésie m'emporte. Mes bras se remplissent de livres. Mon manège amuse et interloque la libraire.
– Vous aimez la lecture ?
– Pas jusqu'à présent. Pourrais-je m'installer sur les fauteuils ?
De plus en plus amusée, elle me répond gentiment.
– Évidemment. Vous n'êtes pas obligée d'acheter pour vous

asseoir.
Pas de doute. Elle m'a catégorisée comme IVDC : Individu Venant De sa Campagne. Je me pose. Coca en main, j'ouvre mon premier roman.
Aimablement, la libraire m'oriente vers la rue. Vingt heures. J'ai pris du retard. Je ne pense pas que ma miss apparaisse avant vingt-deux heures, mais je ne veux pas tenter le diable. J'accélère la cadence. Grâce aux explications de la commerçante, je trouve rapidement le Cosy.
Je débarque avec fracas. Comme l'histoire n'est que répétition, le bar est vide et la patronne me dévisage. Afin de la rassurer, je lui souris. M'assois et reprends doucement mon souffle. L'hostile maîtresse des lieux s'approche.
– Un Coca.
Un mot d'ordre : rester sobre ce soir. J'abuserais bien assez de la boisson quand mon inconnue n'aura pas daigné me jeter un regard. La patronne me ramène mon breuvage. Je perçois une baisse de son animosité. J'exploite l'occasion.
– Connaissez-vous une fille s'appelant Dom ? Une brune…
– Qui ne la connaît pas dans la région !
– On m'a dit que je pouvais la rencontrer dans ce bar.
– Elle vient souvent traîner ses baskets. Sauf quand elle chasse la chair fraîche dans toute la France. Apparemment, sa renommée est telle que la chair fraîche vient directement la déloger. Ce soir, on fête l'anniversaire de Pauline. Dom ne manquera pas cette célébration.
Double impact des paroles de la tenancière. Se faire traiter de chair fraîche est peu flatteur. Mais apparemment, ce statut m'aidera dans ma démarche. Je sais quelle carte abattre.
J'assiste à un défilé de filles plus stylées les unes que les autres. Rien à voir avec mes paysannes au teint rougeaud. Les Marseillaises sont élégantes. Féminines. Masculines. Butch. Fem. Hétéroclites. Je tisse ma toile. Je soûle les rares filles qui

m'abordent, avec un questionnement incessant sur Dom. La plus méritante a résisté dix minutes à mes assauts. Mon obsession fait le tour du bar. Je deviens une pestiférée. Plus personne n'ose violer mon espace vital.
Vingt-trois heures quinze minutes dix-huit secondes. La porte s'ouvre. Un poignet de force. Plus de doute, c'est elle. Je me lève, prête à bondir sur ma proie. Me raisonne. Sois urbaine. Laisse-la saluer ses amies. Je la guette. L'espionne. Sa démarche est féline. Sensuelle. Tout se bouscule dans mon cerveau. J'imagine mille bonjours.
Elle s'arrête. Son regard croise le mien. Je tremble. Le rôle de chair fraîche n'a jamais été aussi joliment interprété. Mon trouble l'amuse. Avec sûreté, elle réduit l'espace nous séparant. À chacun de ses pas, je m'enamoure d'elle. Son regard d'aigle me transperce. Je transpire. Mes sens m'ordonnent la fuite. Mais mon sexe anesthésie mes jambes. Je me donne entière à mon bourreau.
Elle s'assoit face à moi.
– Voilà la fille qui me cherche dans toute la ville.
Je ne réponds pas à sa modestie. M'enferme dans mon rôle. Je sens qu'elle apprécie sa domination. Sourire machiavélique.
– Suis-moi.
Elle se lève. Mon casting a été une vraie réussite. Je ramasse mes affaires. Me précipite à ses talons. Nous arpentons les rues de Marseille dans un silence monacal. J'en profite pour reconnecter mes neurones.
33. Numéro de son sinistre immeuble. Nous franchissons la porte cochère. Je suffoque. Le bâtiment empeste le moisi. Une multitude de tags obscènes ornent la cage d'escalier. Elle squatte. Seule explication logique à ce chaos. Une vision romantique du squat s'impose. Celle de l'artiste squatteuse. J'imagine son appart remplit de ses œuvres. Est-elle plutôt peinture ou sculpture ? Coup de clé dans la serrure. Je vais

pénétrer dans la caverne d'Ali Baba. Mais désastre ! L'appart, que dis-je, la pièce est redevenue citrouille. Un vrai taudis. Un matelas apposé à même le sol. À son côté trône un évier. Le seul meuble est une cagette sur laquelle repose une lampe bancale. Les murs sont dans le même état que ceux de l'entrée. À la vue de ma déconvenue, Dom m'explique :

– Rassure-toi. Ce n'est pas mon appart. Juste le lieu où j'amène mes conquêtes. Les draps sont propres.

J'en doute. C'est marrant, mais ces rassurantes précisions ne font qu'amplifier une sensation de mal-être. La même que l'on doit ressentir quand on pactise avec le diable. Un mélange d'excitation et de « sauve-toi ». Mais mon ange déchu atomise ma tentative de fuite. Elle enlève son tee-shirt. M'offre sa poitrine. Ces deux merveilleux seins humidifient mon sexe. Ils m'hypnotisent. Je peux les mater jusqu'à la fin des temps. Dom, ravie de son pouvoir de séduction, colle son pubis au mien. Petit cri de désir. Ses mains expertes m'extirpent mon pull. Je caresse son dos. Je frémis de plaisir. Ses lèvres rencontrent délicatement les miennes. Ce contact m'électrise. Je suis sourde. Aveugle. Me recentre sur le seul sens me procurant un intense plaisir. Le touché. Sous l'impulsion de ses mains, son jean glisse sensuellement le long de ses membres inférieurs.

Dimanche 11 avril.

Je hais les dimanches. Seule sur le quai, je pleure comme toutes les pucelles larguées par leur prince. Ma princesse a regagné son château sans prendre la peine de m'escorter. De m'indiquer le chemin du retour. Son attitude m'a totalement désarçonnée. Surtout après quatorze heures de passion et de sexe. Je n'ai réalisé qu'elle me larguait comme une merde qu'au moment où, dans la rue, j'ai reçu une bise sur chaque joue.

– Au plaisir d'avoir fait ta connaissance.

Phrase que l'on ressort après un plan ciné dont on ne veut pas qu'il se transforme en plan cul. Par fierté, j'ai ravalé ma détresse. Aucun échange de téléphone. Je me suis évitée l'affront d'être en possession du numéro d'un grand barbu. À peine partie, elle se munit de son portable. Raconte sa soirée. Je reste statique. Sans vie. Abandonnée comme les chiens lors des départs de vacances. Je ne jappe pas. Je cherche l'erreur. J'aspire à une plaisanterie. Elle va me revenir rieuse. Mais chaque seconde éloigne sa silhouette. Hier soir, mon sexe me paralysait sur ma chaise, aujourd'hui c'est la consternation et le dégoût. Le dégoût en l'être humain qui utilise la société pour assouvir ses besoins. J'ai traversé la France pour lui offrir mon cœur. Elle l'a piétiné. Le choc laisse place à la douleur. Je gémis. Me lamente. Je hurle afin d'expulser ma douleur. M'effondre dans le caniveau. Je ne suis que souffrance. J'agonise. Il m'a fallu une heure pour ressusciter. Deux heures pour rallier le quai. Je hais les dimanches.

Plus de billets deuxième classe. Va pour la première. Le coût de ce week-end aura été élevé : cent soixante-dix euros de train et la perte de mon amour-propre. Je monte dans le TGV. M'attribue le siège côté fenêtre. Je prie pour ne pas avoir à supporter la promiscuité d'un voisin. Le contact avec des inconnus m'horripile. Une voix grave mais terriblement féminine m'interpelle.

– Excusez-moi mademoiselle. Je crois que vous êtes à ma place.

La casse-couilles de service qui veut absolument sa place est pour moi. Je pivote vers mon empêcheuse de tourner en rond. La beauté de son visage me laisse sans voix. Un sourire irradie mon visage. Je m'étonne de l'élasticité de mes zygomatiques. Bredouille des excuses. Cède ma place avec plaisir. Si j'avais pu, j'aurais jonché le sol de pétales de rose. Ma galanterie est sans limite. Je hausse ses deux immenses et lourdes valises sur la galerie. À bout de souffle, je m'affale sur mon siège.

Je hais les dimanches sauf ceux où je partage ma banquette avec Fanny Ardant qui, reconnaissante de mes efforts, me comble de sourires.

Un café non soluble

Judith Alkan

De la haine. C'est tout ce que je ressens. Voilà trois heures que j'attends dans son studio. Rien ne laisse penser à un logement d'étudiant. Pas un livre, pas un stylo. Aucune feuille de papier. Elle termine pourtant son année de droit. L'appartement sent le tabac froid, le mauvais alcool ; une vague odeur de renfermé, voire de moisi, plane dans l'air. La fenêtre est close. J'étouffe.

Je ne peux rien faire. Je suis immobile depuis trois heures. Des ceintures de judo, je crois, me maintiennent au lit. Le matelas est défoncé, les draps ne sont pas propres. Je n'ai pas froid, bien que mon corps tremble. Je suis nue, sur le ventre, mais c'est cette terreur qui me hante depuis des heures qui me fait frissonner. Je me suis abandonnée à cette folle. Une inconnue.

Il faisait sombre dans ce bar enfumé. Quelques couples gays s'embrassaient, se caressaient. Je sirotais le fond de mon verre. Une vodka-citron pour ne pas changer. J'alternais depuis plusieurs mois les conquêtes féminines et les mecs d'un soir. Mon cœur me portera toujours auprès des femmes. Mais j'aime ce sentiment de domination quand je tiens un homme par son sexe, par son envie de me prendre. Je le laisse espérer. Parfois, je l'autorise à prendre du plaisir en moi. Mais les femmes, c'est autre chose. Je ne domine plus ; je ne sais pas faire.

J'en étais à ce constat banal lorsqu'elle est venue me demander du feu. Je lui ai tendu mon briquet. C'est con, je ne fume plus depuis Elle. Mais Elle est loin. Avec une autre. Puis elle est repartie, un léger sourire en coin. J'allais quitter l'endroit, trop glauque, trop vide, quand elle est revenue. C'est vrai ça, pourquoi ne pas aller danser. Peut-être parce que je ne l'avais pas fait depuis une éternité. Depuis Elle. Nous sommes sorties à quatre de ce fumoir. Je puais la transpiration des autres et la fumée de bien des mélanges. Les deux autres s'embrassaient à pleine bouche dans la rue. Je marchais les poings dans mon blouson de cuir. Renfrognée.
– Moi, c'est Lucie.
Je n'avais pas envie de répondre. J'ai dû émettre un grognement. Je suivais le groupe sans trop savoir où nous allions. Finalement, je n'avais guère envie d'aller danser. Je fis demi-tour, mais cette Lucie me rattrapa.
– Eh ! Tu ne vas pas nous quitter comme ça ! Entre, au moins ! C'est gratuit. Allez, souris, je suis sûre que tu danses bien !
Elle avait glissé sa main droite dans la poche de mon blouson, posant ses doigts gelés sur ma main serrée. Elle me tira ainsi dans la boîte. Je n'ai pas su résister.

Atmosphère à nouveau enfumée ; elle me proposa une cigarette. Désorientée, j'acceptais alors que j'avais arrêté depuis presque un an, toujours depuis Elle. J'aurais au moins les mains occupées. Je tirais sur la roulée en essayant de m'imaginer ailleurs. La musique était forte. Trop. De la techno, tout ce que je déteste. Des filles dansaient, l'air absent. Certaines s'enlaçaient, dans des postures grotesques mimant un érotisme que je jugeais déplacé. Mon jugement l'était. D'autres regardaient l'assemblée, en quête d'une aventure, d'une compagne d'un soir. Les unes repartiraient seules, d'autres encore finiraient dans les chiottes glauques de cette boîte sordide. Sordide ? Non, elle ne l'était pas… Je l'étais moi, seule et sans envie. Ce fut Lucie qui m'amena sur la piste. Je me laissai faire, incapable de décider pour moi. Ses mains se plaquèrent sur mes hanches et elle m'entraîna dans la danse. Le rythme du morceau se répétait inlassablement, mon corps se désengourdissait. Quand ses doigts remontèrent sur mon cou, je les reçus sans répulsion ni désir. Sa bouche se posa sur la mienne et sa langue me pénétra en douceur mais avec une fermeté témoignant une assurance sans faille. Mes yeux se fermèrent. C'était bon, finalement. Nos bouches avaient le goût de son tabac blond et j'aimai cela. Son bassin se rapprocha du mien. Mon sexe réagissait malgré moi à ce frottement excitant. Elle lâcha mon visage et emprisonna mes fesses brusquement. J'étais sous son emprise. J'étais dominée. Elle pourrait faire ce qu'elle voulait, je la suivrais, docile, soumise… encore.

– Tu viens chez moi.

Ce n'était pas un ordre mais sa sentence ne souffrait aucune réplique. Je me saisis des clefs tendues et la suivis jusqu'à la sortie. Une fois dehors, je constatais qu'il s'agissait de clefs d'appartement. Je croyais que nous allions prendre sa voiture.

– J'habite à deux pas. Bouge.

Mon bras emprisonné par sa main, j'emboîtai le pas. Devant un immeuble quelconque, gris et banal dans la nuit, elle me demanda d'ouvrir. J'obtempérai. Un couloir crasseux. Un escalier en bois, poli par les ans plutôt que par la cire.

En entrant dans son studio, elle ne s'excusa pas du désordre qui y régnait. L'ampoule du plafond était nue, comme la pièce. Aucune photo ; rien ne réchauffait l'atmosphère.

– J'aime la sobriété, dit-elle en suivant mon regard sur son intérieur.

Un vieux canapé ouvert tenait lieu de lit et une lampe, souvenir d'enfance, reposait sur un carton de supermarché. Je devinais une cuisine dans une pièce qui paraissait minuscule.

– Un café ? J'ai plus de bière, désolée !

Désolée ? Elle n'en avait pas l'air. Je hochais la tête en signe d'approbation. Elle me laissa seule dans la pièce. Je gardais mon blouson et je restais immobile. Je n'étais pas paniquée. Je savais pourquoi j'étais là. Demain, je repartirai, peut-être ce soir si je résistais à la fatigue. Mon corps avait envie de sexe. Il appelait la jouissance salvatrice, celle qui me faisait oublier l'Autre.

Elle revint avec deux verres remplis d'un liquide brun. Du café soluble. Je dus faire une grimace de dégoût, car elle posa les verres sur une caisse (sa table de salon ?) et ses prunelles me glacèrent sur place.

– Retire ton blouson, il fait bon. J'ai mis le chauffage. C'est un des rares trucs qui fonctionnent ici.

Je défis la fermeture et elle le jeta par terre. Je fermais à nouveau les yeux. Ses mains agiles ouvrirent ma ceinture, déboutonnèrent mon pantalon puis remontèrent sur mon buste. Le contact de sa peau sur la mienne me fit frissonner.

– T'inquiète pas, on va se réchauffer.

Elle défit aussi prestement mon gilet et mon chemisier. Mon soutien-gorge alla retrouver le reste de mes vêtements sur la moquette. Lorsque j'ouvris les yeux, je vis son corps à elle. Elle avait gardé son jean et son soutien-gorge, noir.

– Referme les yeux.

J'obéis. Je sentis des liens emprisonner mes poignets. À l'odeur, je compris que ces menottes étaient en cuir. Mon cœur s'emballait. Non, je n'avais pas peur. Mon sexe se contractait. L'excitation montait. Elle m'attira contre elle. Son ventre était

aussi brûlant que le mien. Un pied dut se poser sur la caisse et elle m'attira entre ses jambes. Sa langue reprit possession de ma bouche tandis qu'elle me maintenait fermement contre elle. Les bagues à ses doigts blessaient mon dos. Elle frotta longuement son sexe contre mon pubis, jusqu'à l'enflammer. Je mouillais abondamment. Puis elle me repoussa. Surprise, je soulevais les paupières. Erreur. Elle me pinça fortement le sein gauche. M'abandonnant, les mains liées à présent dans le dos, elle but son café en me dévisageant. J'avais au moins le droit de la voir aussi, même si la douleur à mon mamelon gauche me rappelait que ce n'était que par sa volonté.
– Je fais des études de droit. Toi, je t'ai vue en fac de langue. On va vérifier si tu as un don ou non !
Elle reposa son café à moitié terminé. Son sourire était à présent cruel. J'aimai encore davantage être là. Elle me jeta sans ménagement sur le lit. Elle arracha mon pantalon en même temps que ma culotte. Je remarquai à cet instant que je n'avais pas coordonné le haut et le bas. Le tissu qu'elle porta à ses lèvres était en coton prune, le soutien-gorge quant à lui était noir. Elle humait à présent la partie qui avait été en contact avec mon intimité. Sa couleur ne trompait pas : j'étais excitée et je ruisselais. Elle enfila ma culotte sur mon visage et me retourna en empoignant mes épaules sans aucune douceur. Elle prit des sangles, à ce qu'il me sembla alors, et tira mes bras vers le haut. J'étais à présent attachée, le nez dans mes effluves et les fesses offertes.

Sans ménagement, elle me les écarta. Le massage n'était pas doux. Elle malaxait mes chairs et un doigt s'engouffra le long de ma vulve. J'étais effectivement trempée. Lubrifié, son index poussa sur mon anus.
– Tu n'es pas si étroite que je le pensais. Je suis tombée sur une adepte.

Elle ricana. Elle frotta pendant quelques minutes l'entrée de mon cul puis se releva. Je l'entendis s'éloigner. Je désirais qu'elle me prenne, par là ou par devant. Elle revint sans un mot et pénétra mon vagin en se couchant sur moi. Ses mouvements étaient brutaux. J'aimais ça.
– Soulève ton bassin.
J'obtempérai. Sa main vint chercher mon clitoris qu'elle caressa lentement. Ses hanches venaient cogner contre mes fesses. Je perdais toute notion sinon celle du plaisir.

Je jouis vite. Elle se retira, claquant mon postérieur de la main comme on assène un coup à sa monture. Elle me détacha du lit, laissant les menottes de cuir à mes poignets, arrachant le tissu qui voilait mes yeux. Son corps se posa à nouveau sur le mien. Elle m'embrassait paresseusement. Puis elle se coucha sur le dos et baissa elle-même son jean et son slip, noir. Je ne demandai rien. Je plaçai ma tête entre ses cuisses et je respirai son parfum intérieur. Sa main plaqua mon visage sur sa toison. Elle était douce, ni épilée ni rasée. Je léchai ses lèvres humides, glissant ma langue dans son sillon. Elle aussi mouillait abondamment. Je trouvai sans peine son clitoris gonflé par le désir. Je le léchai, avec méthode, terrorisée à l'idée de la décevoir. Elle vint aussi vite que moi. Je laissai mon visage contre son sexe. Nous restâmes immobiles. Je songeai que mes fesses nues étaient exhibées. Je cherchai une position moins provocatrice, elle me les claqua à nouveau. J'étais son jouet pour la nuit.

Elle laissa passer ainsi un bon moment ; j'avais perdu la notion du temps. Elle se leva enfin, je pus reprendre une posture plus confortable. Elle prit l'objet avec lequel elle m'avait pénétré et alla le laver.

Elle revint avec un long tee-shirt à l'effigie d'un groupe de heavy metal. Elle défit les draps et m'invita à la rejoindre d'un petit signe de tête. J'étais bien trop épuisée pour rentrer chez moi. D'un claquement de langue, elle m'indiqua que je n'avais pas à remettre quelque vêtement que ce soit. Je m'étais à peine glissée sous la couette qu'elle respirait déjà régulièrement. L'ampoule était encore allumée. Je me relevai pour l'éteindre et regagnai le lit à tâtons.

Je gardai les yeux ouverts dans le noir relatif de cette pièce sordide. Dehors, les gens reprenaient leur voiture pour aller travailler. Au loin, j'entendais un camion d'éboueurs. Lucie dormait. Je pensais à la fac, à mes cours. J'y allais de moins en moins souvent. Avais-je pour autant besoin de me perdre dans ces relations de plus en plus décadentes ? J'avais envie de sa main sur mon cul. J'avais aimé. Je me sentais rougir. Jusque-là, ma soumission aux femmes s'était restreinte par une passivité, un abandon aux désirs de l'autre. Cette nuit-là, j'avais souffert un peu et j'en demandais davantage.

Alors que je me décidai à reprendre mes affaires et à rentrer chez moi, une main saisit mon cou.
– Tu n'as pas l'intention de me quitter maintenant ? Ose me dire que tu n'as pas aimé notre petit jeu !
Je laissai tomber mes sous-vêtements sur le sol. Sans un mot, elle passa par-dessus mon ventre et attrapa les sangles. Me forçant à me remettre sur le ventre, elle m'attacha à nouveau au lit. Ses doigts parcoururent mon dos. Ces effleurements me procuraient du plaisir et je sentais déjà le désir envahir mon ventre. J'attendais que ses ongles se changent en griffes. Elle n'en fit rien. Elle me cingla les fesses à trois reprises, fort. Elle se leva, enfila son jean à même la peau, un pull qui traînait sous le lit et des godillots sans chaussettes.

– J'ai mieux à te proposer ; ne bouge pas, ajouta-t-elle avec un sourire narquois, je reviens. Tu ne vas pas regretter d'être venue.
Et elle est partie.

Trois heures au moins. Je me repère aux cloches de Saint-Marc. Mon ventre ne désire plus rien. Il se tord. Dans quel pétrin ai-je pu me fourrer ? Elle peut revenir accompagnée. Personne ne sait que je suis là. Mon portable dort sur mon bureau. J'avais peur hier soir de me le faire voler. Quelle idiote ! De toute façon, je suis immobilisée…

Mais quelle conne, oui ! Carole ne sera pas étonnée de ne pas me trouver dans l'amphi, je ne viens jamais au cours de Peltier. Les deux filles avec qui nous sommes entrées hier soir dans la boîte ne me connaissaient pas, pas plus que Lucie, apparemment.

Si elle revient, je lui casse la gueule ! Enfin, si je peux… Merde, j'ai peur ! Je ne vais pas prier quand même ! Je m'en veux et je hais cette folle. Oui, elle est folle et elle va débarquer ici avec du monde. Je ne veux pas être violée. Mais je n'ai pas non plus envie qu'elle revienne juste pour m'humilier. La soumission, j'aime ça dans le sexe, pas dans ma vie publique.

Dix heures au clocher. Les bus diminuent leur trafic ; les gens sont tous au bureau. J'ai pas nourri le chat.

J'entends des pas dans l'escalier. La porte s'ouvre à grande volée. Je ferme les yeux, terrifiée.
– J'ai rencontré des potes en route, c'est pour ça que j'ai mis autant de temps.
Mes pires craintes se révèlent juste. Elle n'est donc pas seule.

Je serre mes paupières de toutes mes forces. Elle se jette sur le lit. Je me prépare aux pires supplices.

– Tiens, je t'ai ramené des croissants. Excuse pour le retard, j'ai pris du vrai café sur la place.

L'odeur des viennoiseries me chatouille les narines. J'entrouvre les yeux. Elle est seule, à genoux sur le matelas. Elle tient un sachet de boulangerie dans une main, un paquet de café dans l'autre. Elle me sourit gentiment.

Immersion totale

Rae Joseph

« Come in, she said, I'll give you shelter from the storm. »
Cassandra Wilson, *Belly of the Sun.*

Dès qu'elle la vit, Diane comprit qu'elle avait un problème. L'évocation de sa « tante d'Amérique » correspondait dans sa mémoire à un large sourire et une main tendant une pâtisserie appétissante qui la faisait saliver d'anticipation. Rien dans ses souvenirs d'une enfant de trois ans ne laissait présager ce à quoi elle se voyait confrontée à présent, alors qu'elle se dirigeait avec son chariot de bagages vers la femme qui était vraisemblablement sa tante, dans l'aéroport JFK de New York. Celle-ci ne l'avait pas encore repérée, ce qui donna à Diane une longueur d'avance et lui permit de se recomposer tout en l'observant de plus belle. Une silhouette fine et élégante, de belles dreadlocks torsadées qui ondulaient autour de son visage, un regard intense et bon, une peau satinée d'un brun profond, des lèvres bien dessinées et probablement d'une douceur infinie… Elle n'était plus qu'à quelques mètres et il lui fallait absolument reprendre ses esprits.

Bien sûr tout avait semblé être une excellente idée, en principe. Sa mère avait tout arrangé. « Tu vas rendre visite à ta tante d'Amérique. Ce sera l'occasion d'améliorer ton anglais et de connaître autre chose que la France. » Elle avait passé sous silence, bien sûr, son secret espoir que sa fille, soudain libre de tous ses faits et gestes, pourrait alors se dévergonder à loisir et, par exemple, s'enticher d'un de ces garçons comme Michael Jordan qui doivent se trouver sans difficulté aux États-Unis et oublier ainsi ces histoires de filles dont elle lui avait parlé.

À mesure que Diane approchait de sa tante, il lui était de plus en plus évident que le plan de sa mère était cruellement compromis. Elle pria pour que les premiers sons qui sortent de la bouche de son hôte lui indiquent qu'elle s'était fourvoyée. Pour qu'elle ait une voix incroyablement nasillarde et lui dise une ineptie du type « tu as bien grandi, ma fille ». Mais dès qu'elle fut enfin devant elle et qu'Efra lui sourit généreusement et la prit dans ses bras, elle sut qu'il était probablement déjà trop tard.

Pourtant, pour une fois, elle avait partagé l'avis de sa mère. Quoi de plus opportun ! Après que Diane lui a enfin parlé de son homosexualité, l'atmosphère à la maison était plus que tendue. Elle avait obtenu de sa fille qu'elle n'en parle pas à son père pour l'instant. Diane n'était pas trop pressée de le faire de toute façon. Elle était proche de sa mère et elle savait que celle-ci n'aurait pas de réaction désagréable du type « prends tes affaires et fous le camp de chez moi », même si celle-ci s'en était trouvée particulièrement attristée. En revanche, pour son père, elle ne pouvait rien garantir.

C'est là que sa mère s'était souvenu de son ex-belle sœur, Efra. Celle-ci avait été mariée à l'un de ses frères parti tenter sa chance aux États-Unis plutôt qu'en France, comme beaucoup de ses compatriotes haïtiens immigrés. Ils avaient divorcé quinze ans auparavant, mais la mère de Diane était restée en contact avec Efra et lui avait même rendu visite une fois ou deux lorsqu'elle avait séjourné aux États-Unis, bien qu'Efra ne fasse plus officiellement partie de la famille. La mère de Diane, sans doute parce qu'elle avait elle-même épousé un Français, n'avait pas eu de réaction hostile envers Efra, contrairement au reste de la famille. Celle-ci avait en effet passé des moments difficiles avec son ex-belle-famille parce qu'elle n'était pas haïtienne mais afro-américaine.

Diane était ravie à l'idée de pouvoir s'échapper un peu de la banlieue parisienne et de sa famille par la même occasion. Elle venait d'achever sa première année d'études en psychologie, elle avait déjà un bon niveau d'anglais, langue qui l'avait toujours passionnée ; elle ne demandait qu'à l'améliorer. Les États-Unis étaient aussi le pays de tant de ses idoles, Maya Angelou, Alice Walker, Toni Morrison, Audre Lorde, dont le livre *Zami* lui avait pour ainsi dire sauvé la vie ; musiciennes, écrivaines, activistes, elles berçaient toutes son imaginaire et l'avaient aidé à devenir qui elle était.

Elle s'inscrirait aux cours d'été dans une université publique de New York, sans doute dans le campus de Harlem où Audre Lorde elle-même avait fait ses études. Quelques coups de fil et tout fut arrangé, elle séjournerait chez sa tante Efra.

Dans le taxi, sur le chemin de l'appartement d'Efra qui se trouve aux environs de Chinatown, Diane reprend ses esprits. Sa technique est simple, elle évite de regarder Efra trop souvent. C'est facile parce que c'est son premier voyage à New York. Elle découvre Manhattan à travers la fenêtre du taxi. Elle peut donc s'extasier sur ce qu'elle voit sans paraître trop impolie. Et c'est vrai que c'est fascinant. Elle peut tout voir sans le flou de l'image satellite du journal télévisé. Tout est là, les rues de Manhattan, les taxis et buildings, l'activité frénétique et même les vendeurs de hot dog en ce début du mois de juin. Elle se

maudit de n'avoir pas fait plus d'effort vestimentaire. Elle ne porte qu'un simple jean et son tee-shirt le plus confortable. Et comme elle peut le constater grâce au reflet du rétroviseur, le voyage a complètement déshydraté sa peau, et son teint de miel agréable et profond n'est maintenant que terne. Elle n'a pas pris soin de lisser les boucles de sa coupe courte et porte donc une casquette qui constitue le summum de son humiliation. Elle ne peut pas croire que cela sera la première impression qu'Efra aura d'elle. Celle-ci lui dit pourtant qu'elle la trouve jolie ; elle le répète même avec enthousiasme, amusée par le malaise manifeste de Diane. Efra, elle, est resplendissante, pense Diane. Elle porte un vêtement de tissu ample indigo, son parfum ambré est entêtant. De temps en temps, elle repousse élégamment de la main ses dreadlocks voluptueuses loin de son visage.
Lorsqu'elles arrivent chez Efra, Diane est vraiment touchée. Elle a visiblement tout préparé pour son arrivée, l'appartement est spacieux pour Manhattan. Diane séjournera dans la chambre du fils d'Efra, Derek, qui passe l'été en Californie avec son père. Efra a tout apprêté et a même mis un petit bouquet de tulipes dans la chambre où elle va dormir. Elle aime la décoration de l'appartement, des peintures haïtiennes aux murs, beaucoup de sculptures, d'objets curieux – Efra est professeur d'histoire de l'art à l'université, spécialiste de l'art afro-caribéen. Elle défait ses valises pendant qu'Efra leur prépare un café.

Au bout de quelques semaines, il est clair que leur entente est profonde. Elles se retrouvent le soir après le travail d'Efra et discutent tard, elles passent des heures à parler de livres et de musique d'abord dans le salon, puis dans la chambre d'Efra ou, parfois, terrassées par le sommeil, elles s'endorment l'une à côté de l'autre, bercées par leur propre voix. Efra est assez

réservée en ce qui concerne sa vie privée et ce n'est pas pour déplaire à Diane, qui n'a aucune envie que celle-ci lui pose des questions trop personnelles. Mais au fur et à mesure, cette progression vers l'intime est inévitable.
Plus elles se sentent proches, plus l'écart physique entre elles se creuse. Au début, leurs corps s'étaient frôlés avec insouciance. La main d'Efra, chaude, ouverte, libre, se tendait naturellement vers celle de Diane lorsqu'elles se promenaient, et Diane plantait sur ses joues de copieux baisers prétextant ses habitudes françaises. Pourtant, cette insouciance s'était évanouie rapidement, au profit d'une douloureuse conscience de chacun de leurs faits et gestes. Comme si se tenir trop près l'une de l'autre avait constitué un danger. À mesure que son désir grandissait, Diane craignait de ne pas pouvoir se retenir et, au prix d'efforts constants, se tenait le plus loin possible de son hôte. Quant à Efra, Diane ne savait pas trop pourquoi son comportement avait aussi changé envers elle. Avait-elle deviné quelque chose ?
Un dimanche après-midi, Efra attrape un album photo. Il pleut à verse dehors, une de ces pluies diluviennes que connaît parfois New York en été. Elle retrace avec Diane l'histoire de sa famille. Diane regarde les photos captivée, elles sont toutes les deux penchées sur l'album, Efra pointe le doigt sur une photo de sa mère, engoncée dans un de ces tailleurs des années cinquante, l'une des premières femmes diplômée de sa famille issue du sud des États-Unis. Puis sur son père dont elle est aussi très fière. Dans la voix d'Efra, il y a la confiance qu'elle semble porter à Diane. Cela l'émeut particulièrement. En regardant ses copines de lycée les plus insignifiantes qui sont là, qui figurent aussi sur l'album de sa vie, Diane se demande si elle en fera partie un jour.
C'est à ce moment-là que le téléphone sonne. C'est la mère de Diane qui appelle, le coup de fil se prolonge. Lorsque

Diane retourne enfin dans le salon, elle trouve Efra assoupie sur le canapé, elle la regarde dormir et se demande à quoi elle rêve. Depuis son arrivée, Diane se rend compte qu'elle est somme toute assez seule. Elle n'a pas de compagnon, peu d'amis hormis les livres. On est loin du défilé continuel qui caractérise l'appartement des parents de Diane. Elle sait que c'est une solitude qu'Efra a voulue, qu'elle a besoin de ce recueillement pour se sentir en sécurité, mais elle sait qu'elle en est aussi victime.

Malgré sa hantise qu'elle se réveille et la surprenne en flagrant délit, Diane ne peut s'empêcher de rester plantée, près du canapé, et d'observer le sommeil d'Efra. Il pleut toujours dehors, une mélodie rassurante qui martèle les vitres et la berce. Elle ne peut détacher ses yeux de son visage, de ses mains délicates. Elle s'imagine l'approchant, lui caressant doucement la joue, déposant avec d'infinies précautions un baiser sur son front pour ne pas la réveiller. Elle contemple la courbe de ses fesses qu'elle devine sous sa jupe et son ventre brûle d'une sensation familière. À observer le va-et-vient tranquille de sa respiration, elle peut presque sentir la chaleur de son souffle sur son visage.

L'opportunité qu'avait offerte sa mère à Diane ne venait pas sans un certain nombre de compromis. L'un d'entre eux était de montrer pendant son séjour tous les signes d'une bonne chrétienne. Efra se rendant à l'église baptiste tous les dimanches, il était hors de question que sa fille passe pour une pécheresse. Diane s'était donc astreinte à cette obligation, non sans mal. À cette occasion, elle était en effet, entre autres désagréments, contrainte de porter une jupe, ce qu'elle n'avait pas fait depuis des années.

Tous les dimanches, elle se rendait avec Efra dans une église de Brooklyn.

À sa grande surprise, elle avait commencé à apprécier cette routine. Cela lui rappelait beaucoup l'église haïtienne, les femmes touchées par l'Esprit, les petites filles soigneusement tressées essayant de combattre la torpeur dans laquelle les plonge le sermon. Les habits rutilants du dimanche. Mais Diane appréciait surtout les gospels en fin de service où la musique la transportait. Elle se trouvait même occasionnellement touchée par certains des prêches, même si la plupart d'entre eux lui faisaient horreur.

C'est au cours de l'une de ces visites au Seigneur que Diane reçu la lumière divine. Rien ne laissait présager cette révélation. Le ciel était d'un bleu imperturbable et elle écoutait même Efra parler d'une oreille plutôt distraite. Puis, au moment de leur arrivée, un coup de volant plus brusque poussa le coude d'Efra à soulever un pan de sa jupe satinée. Elle découvrit ses genoux délicats, sa peau sombre et nacrée au grain voluptueux. Or, Efra prenait toujours soin de porter en ce jour du Seigneur une tenue respectable, hautaine et scrupuleusement asexuée. L'un des éléments invariables était un collant de couleur sombre qui mettait d'ailleurs les sentiments de Diane à rude épreuve tant ils étaient d'une laideur contraire au goût vestimentaire parfait dont Efra faisait habituellement preuve.

Cette nudité inattendue coupa le souffle de Diane. Elle provoqua en elle des pensées qui tranchaient avec le recueillement censé être le sien en ce jour saint.

Mais, plus encore que par cette nudité surprenante, Diane avait été interloquée par l'expression qu'avait eue Efra à cet instant. Elle avait en effet remonté le pan de sa jupe d'un geste que Diane jugea un peu trop lent, et elle ne pensait pas se tromper en croyant avoir distingué une certaine satisfaction dans l'expression d'Efra, et même une certaine invite, qui fut immédiatement suivie par l'expression d'un embarras manifeste.

Elles prirent ensuite le chemin de l'église où les discours réprobateurs sur les péchés de la chair dont elle fut témoin pendant les deux heures qui suivirent ne firent, comme souvent, qu'exalter son désir et son ivresse nouvelle. La décision de Diane était prise. Elle allait prendre comme un signe la « vision du genou ».

Amoureuse illuminée, elle partit dès lors du principe que l'épisode du genou était une indication claire que ses sentiments étaient partagés et que sous peu, un autre événement du même type se reproduirait. Il fallait faire vite. Il ne lui restait plus que trois semaines avant la date du retour.

Diane se maquille, elle trace avec l'eye-liner un trait qui donne à ses pupilles sombres la profondeur qu'elle recherche. Elle ne se maquille que très rarement. Ce soir, elle a convaincu Efra de venir voir un concert d'une jeune chanteuse de blues qu'elle a rencontrée sur le campus. Un peu de gloss transparent sur les lèvres qui souligne leur couleur de prune mûre, un parfum léger et musqué comme elle les aime. Elle garde depuis deux ans un peu moins d'un centimètre de cheveux sur le crâne, ce que sa mère considère comme la première des trahisons majeures de sa petite Diane. Après toutes ces années passées à soigner la chevelure de sa fille et à s'émerveiller devant qui veut de ses boucles auburn, lisses et opulentes, de ses « bons cheveux »… À remercier le ciel qu'elle n'ait pas hérité de sa chevelure crépue. Sa mère et ses tissages innombrables qui lui permettent de cacher une chevelure qu'elle exècre. Son cœur se serre à cette pensée. La chevelure naturelle d'Efra est l'une des choses qui l'attirent le plus.

Efra a mis un disque de Bettie Carter. Diane se concentre sur sa voix pendant qu'elle finit de se préparer. Le petit ensemble noir enserre ses formes généreuses comme elle le souhaite. Elle est prête.

Le concert est tout ce que Diane avait espéré. Keisha, son amie chanteuse, et le groupe les emportent loin. Sa voix fait oublier la chaleur suffocante de cette journée de juillet, les rampes de métro poisseuses, les mauvaises odeurs exacerbées par la canicule, la sueur qui perle sous les aisselles dans le bus qui tangue. Elle chante un de ces blues qui donne envie de vivre plus fort, quitte à le regretter amèrement le lendemain matin.

Elles sont silencieuses, mais échangent des regards qui les troublent. Efra qui ne boit pas d'habitude en est à sa troisième tequila. La chanteuse s'interrompt entre deux chansons et raconte une petite histoire, tout le monde l'écoute bouche ouverte. Efra aussi. Diane l'observe et boit ses éclats de rire qui fusent. Plus tard, la chanteuse les invite à la suivre pour écouter un groupe de salsa quelques rues plus loin. Efra est assez éméchée pour accepter.

Vagues dessinées par leur bassin, sueur perlant le long de leur dos. La danse les emmène là où ne peuvent les conduire les mots brutaux, acérés. Peu à peu leur danse se fait plus intime, l'ondulation plus vibrante. Les hommes qui les sollicitaient au début se tiennent maintenant à l'écart, vaguement interloqués. Efra ferme les yeux. Diane la saisit doucement par la taille, son cœur bat à tout rompre. Efra se laisse faire, elles dansent encore ainsi, suspendues, les lèvres de Diane à quelques centimètres du cou de sa partenaire.

Lorsque le morceau se termine, l'étreinte est flagrante. Efra ouvre les yeux, elle croise le regard de Diane, puis se dirige précipitamment vers leur table, attrape ses affaires et se fraye un chemin entre les nombreuses silhouettes du club enfumé.

Dehors, la nuit est tiède. L'asphalte est encore brûlant, chauffé à blanc toute la journée par le soleil implacable de ce début du mois de juillet.

Efra n'est pas allée très loin. Elle se tient près du grillage qui enserre un terrain de basket, elle observe le cours délabré comme s'il s'y jouait une finale des Lakers.

En voyant Diane approcher, elle détourne légèrement le regard.

Diane se place à côté d'elle, silencieuse. Les bruits de la nuit leur parviennent, les fêtards sortant des clubs, des bribes de musique, les claquements des portières de quelques automobilistes rassasiés de danse.

– Je suis désolée, finit par dire Efra, je ne peux pas faire ça. J'en ai très envie, mais je ne peux pas.

Diane ne répond pas. Elle attend que la petite piqûre provoquée par ces mots diminue dans sa poitrine. Puis elle rétorque :

– De toute façon j'ai pour principe de ne jamais abuser des femmes ivres.

Sa plaisanterie les détend pour quelques minutes, mais le charme s'évanouit vite, pour faire place à une gêne grandissante.

Efra semble embarrassée en présence de Diane les jours qui suivent, et c'est à peine si elles s'adressent la parole. Leur rapport semble avoir perdu toute spontanéité. Les mots, qui s'offraient au départ si volontiers à elles lorsqu'elles étaient ensemble, sont devenus difficiles, capricieux. Diane, découragée, évite donc de se trouver trop souvent avec Efra, qu'elle ne veut pas incommoder.

Lorsque enfin il ne reste plus qu'une semaine avant son départ, et qu'elles ne se sont toujours pas parlé, Diane finit par se faire une raison, elle se dit que cela vaut certainement mieux ainsi, que sa vision n'en était peut-être pas une après tout.

La journée a été particulièrement étouffante ce soir-là, Diane a eu son dernier cours et elle est déjà un peu triste à l'idée que son séjour se termine.

Dès qu'elle pousse le pas de la porte, une odeur assez caractéristique lui donne le sourire. Derrière les effluves de *churai* qu'Efra aime à faire brûler quotidiennement, elle est à peu près sûre qu'elle peut distinguer le fumet des *collard greens* déjà préparés auparavant. Alors qu'elle entre dans le salon, Diane regrette d'être rentrée si tôt, d'évidence Efra attend quelqu'un, la table et mise pour deux, des bougies sont allumées, et la voix de Cassandra Wilson s'échappe des enceintes.

Efra apparaît une serviette à la main ; sous son tablier, Diane distingue cette robe noire au tissu soyeux qu'elle l'a déjà vue mettre pour des occasions spéciales. D'évidence elle est en pleine préparation.

– Oh, je ne savais pas que tu avais de la compagnie ce soir, je vais te laisser, Efra, dit Diane en se dirigeant vers la porte d'entrée.

– Non, non, ce n'est pas grave, bafouille Efra, En fait je... je n'attends personne... J'ai pensé qu'on aurait pu manger ensemble, si tu n'avais pas d'autres projets ce soir.

Elle semble toujours gênée mais manifestement, elle n'a pas envie que Diane s'en aille. Un sourire se peint malgré elle sur son visage.

– Mais bien sûr...Oui ça me ferait très plaisir, rétorque Diane en posant, au ralenti, son sac sur une chaise, médusée par ce dont elle est en train d'être témoin.

– Ça sera près bientôt, tu veux m'aider à finir de préparer ?

– Oui, oui, bonne idée répond Diane, en la suivant avec empressement dans la cuisine.

Efra la charge de s'occuper du riz. Diane passe ses mains sous l'eau et y fait tremper le riz quelques minutes. La sensation du riz et de l'eau froide est apaisante, surtout après cette journée caniculaire. Elle essaie de se concentrer là-dessus parce que ce qui se passe l'affole plus ou moins. Elle n'est pas sûre de ce qu'elle doit penser et n'ose pas vraiment regarder Efra de peur que son regard ne la trahisse. Elles n'ont pas réellement discuté depuis que cette fameuse soirée a eu lieu et, pour l'instant,

Cassandra Wilson se charge de leur conversation.
Absorbée par ses pensées, Diane a laissé l'eau couler sur le riz pendant qu'elle allait chercher la casserole pour le cuire, l'eau déborde de l'évier et commence à se répandre sur le sol quand Efra, de l'autre côté de la cuisine, s'en aperçoit et se précipite pour l'arrêter au même moment que Diane. Elles sont donc nez à nez et pataugent dans l'eau. Le fou rire qui les saisit alors est un réel soulagement, et il ne s'interrompt qu'au bout de plusieurs minutes quand Efra, essuyant de la main un peu d'eau restée sur le visage de Diane, lui confie d'une voix un peu voilée par le fou rire qu'elle vient d'avoir :
– J'ai changé d'avis.
Le baiser qu'elles échangent alors est tellement intense que Diane peut à peine supporter la brûlure qu'il provoque dans son ventre.
Elles n'ont pas fait l'amour tout de suite.
Après qu'elles se sont embrassées, le voisin qui savait Efra chez elle est venu sonner à la porte. Il n'est resté que quelques minutes, il n'a rien remarqué de l'émoi de sa voisine de quinze ans et est reparti avec le sel qui lui manquait.
Là encore elles ont ri à ne plus pouvoir s'arrêter.
Elles sont allées dans la chambre d'Efra.
Efra a fait couler un bain parfumé et Diane s'est déshabillée et y est entrée petit à petit.
Efra l'a observée.
Diane a senti ses mains savonneuses sur son dos, sur ses seins.
Plus tard, elles se sont allongées sur le lit.
Diane a parcouru de sa langue la ciselure pourpre de la cicatrice d'Efra, juste au-dessus de sa toison, et l'a embrassée.
Efra a caressé ses cheveux bouclés, a baisé sa nuque encore et encore, comme elle avait eu tant de fois envie de le faire.
Efra a plongé ses doigts dans le sexe mouillé de Diane.

Efra a joui sous la langue de Diane, puis elle a pris Diane dans ses bras et l'a étreinte longtemps.

Diane n'a pas voulu qu'elle l'accompagne à l'aéroport. Elle déteste ce genre d'adieu. Dans le taxi, tout défile en mini-saynètes, alternées avec les quartiers de New York City qui se succèdent. Chinatown, Brooklyn, les visages et les accoutrements changent, mais l'expression reste la même. Sur toutes les têtes ce même refrain de « et après, et après », tous à la poursuite de cet instant qui suit, comme si se presser y changerait quoi que ce soit. Son regard s'arrête quelque temps sur un homme en train de fumer un cigare au coin de la rue, grand et altier ; il porte un jogging un peu passé, il a peut-être été un grand sportif dans le temps, aujourd'hui sa bedaine rebondie rend le port du vêtement presque ridicule. Puis elle revoit Efra, son verre de tequila à la main, dans le club de jazz où elles avaient passé une soirée, il y a seulement quelques jours. Son rire si profond, chaud et guttural, qui contraste avec sa voix plutôt légère. Puis elle la voit étendue sur le lit, couverte par endroits par les draps de coton blanc. Elles s'observent et rient, amusées d'avoir attendu si longtemps pour quelque chose de si évident. Le taxi change de vitesse. Une jeune femme asiatique qui a l'air exténuée avance une poussette où sommeille un bébé joufflu ; sur le point de traverser, elle se ravise, le feu passe au vert et le taxi reprend sa course. Diane aperçoit la perspective rassurante des seins nus d'Efra, depuis le creux de son intimité qu'elle lape d'abord doucement puis plus intensément, ensuite c'est Efra, au bord de la jouissance, labourant nerveusement la tête de Diane de ses mains, la mélodie entêtante de ses gémissements, la saveur salée de son sexe. Mais la voix du conducteur de taxi l'arrache à ses pensées à temps, elle ne veut pas pleurer. Arrivée à l'aéroport, elle grimpe les différents Escalators et contrôles sans trop s'en rendre compte. Elle pense à toutes ces scènes de films idiote de *happy ending* dans les aéroports, où après avoir couru dans les couloirs étroits des terminaux, les protagonistes, enfin conscients de leur amour, se jettent dans les bras l'un de l'autre, au son d'orchestres philharmoniques grandiloquents. Mais la seule musique qu'elle entend est la voix monocorde de l'hôtesse les invitant à embarquer, annonce dont elle ne saisit que quelques mots, malgré son séjour en immersion totale.

Ex abrupto

Elegy

« Je tuerai la douleur en l'étreignant. »
Shan Sa, *La Joueuse de go.*

Elle se réveilla le matin du huitième jour, le corps douloureux et la tête embrumée. Le lit était vide, Sasha était partie. C'était fini. Elle devrait elle aussi quitter les lieux comme elle l'avait promis, au terme d'un contrat singulier.
Morgan ressentait un étrange sentiment de libération. Comme la fin d'un cycle, la fin d'une relation délétère et troublante qui l'avait happée et bouleversée. Morgan parcourut la chambre du regard. Une chambre glauque et dépouillée qui avait accueilli leurs nuits pendant une semaine. La chambre de Sasha. Seules quelques photos en noir et blanc décoraient les murs tristes. Des photos de femmes dont on ne voyait que le corps, décapitées par le cadre, anonymes et universelles.
Morgan s'approcha et décrocha l'une d'elles. Elle s'assit sur le lit défait et contempla l'image de leur liaison particulière. Elles étaient torse nu, seule Sasha avait gardé un soutien-gorge, mais Morgan devinait les piercings qui ornaient ses seins. Le

pantalon de Morgan, légèrement descendu, laissait voir ses fesses. Cette nudité n'avait pas d'importance. Seule comptait la main de Sasha qui la maintenait contre elle avec fermeté. Avec possession.

* * * * *

Première nuit

Elles s'étaient rencontrées dans un bar. Comme à chaque fois, Morgan s'ennuyait, même entourée d'amies. Elle se sentait vide. Alors elle remplissait son âme avec de l'alcool, n'importe lequel, pourvu qu'il lui fasse oublier la vacuité de sa vie. Elle n'entendait plus les conversations et se perdait dans la contemplation de la brume qui envahissait sa vision. C'est dans cet état léthargique qu'elle l'aperçut, accoudée au comptoir, une cigarette à la main. Elle croisa son regard. Un regard bleu et dur dans lequel transparaissait un vide familier. Son apparente assurance, son blouson en cuir noir et ses cheveux bruns coupés ras sonnaient comme un mauvais cliché. Morgan ne put s'empêcher de sourire. Sasha, se méprenant, le lui rendit. Ce sourire avait quelque chose de sibyllin qui mit Morgan mal à l'aise, mais qui l'attira en même temps.
Elles s'observèrent ainsi pendant un long moment, jusqu'à ce que Morgan rompe le contact en descendant aux toilettes. Elle rentra dans une cabine, luttant pour ne pas perdre l'équilibre tant l'alcool la faisait tanguer. Quand elle ouvrit la porte, elle se retrouva face à Sasha, un petit sourire au coin des lèvres. Sasha la repoussa violemment à l'intérieur de la cabine, cognant sa tête contre le mur, et la saisit par les cheveux tout en collant son corps contre elle pour l'empêcher de bouger. Morgan laissa échapper un gémissement de douleur.
– Je sais ce que tu cherches..., souffla Sasha dans son oreille,

glissant sa jambe entre celles de Morgan.

La main de Sasha se crispait davantage sur ses cheveux, lui imprimant une douleur qui la ramenait curieusement à la réalité, à la pression délicieuse de sa jambe sur son sexe.

– Je sais ce que tu veux…

Leurs visages se touchaient presque. Morgan plongea son regard dans celui de l'autre femme, un regard où elle crut déceler une lueur inquiétante de folie masquée par le désir. Puis, soudain, Sasha plaqua ses lèvres contre les siennes et engouffra sa langue, avide et abrupte, dans un baiser intense qui ne souffrait aucune protestation. Morgan s'abandonna, délaissant à cette force inconnue son pouvoir de décision au fur et à mesure que le désir s'emparait de son corps, qu'augmentaient la douleur de la main dans ses cheveux, le plaisir de la jambe contre son sexe.

Sasha se recula brusquement et sortit de la cabine sans un mot, laissant Morgan à son trouble et à sa frustration. L'esprit confus, elle remonta et reprit sa place parmi ses amies, complètement déstabilisée, sentant encore la main agrippée à ses cheveux. Elle n'osait plus lever la tête dans la direction de Sasha, mais sentait son regard peser sur elle. Quand, enfin, elle jeta un œil, elle constata qu'elle ne s'était pas départie de son petit sourire intriguant.

« Je sais ce que tu veux… »

Cette femme inconnue savait-elle vraiment ce qu'elle voulait quand elle-même ne savait plus où elle en était ? Il y avait quelque chose de rassurant, de reposant, à s'être laissée aller à la volonté d'une autre, ne plus avoir à réfléchir pour soi, se laisser guider.

Elle fixa Sasha. Celle-ci tapota le tabouret vide à ses côtés, l'invitant à la rejoindre. Morgan laissa ses amies et obtempéra.

– Je vais partir. Tu m'accompagnes ? dit simplement Sasha en soufflant la fumée de sa cigarette en direction de Morgan.

Morgan sentit le désir frustré renaître avec insistance au creux de son ventre. Elle avait envie d'elle, elle voulait encore sentir cette force contre elle, sa main arrachant ses cheveux, ce plaisir inédit qu'elle avait ressenti à travers cette violence qui trahissait un désir brut et singulier. Cette force qui lui avait fait oublier un instant son ennui.

– Oui.

Sasha se tourna vers elle et l'observa un moment.

– Dans ce cas, j'ai une condition.

– Laquelle ?

– Pendant sept nuits, tu m'appartiens. Sept nuits et pas une de plus. Mais durant ce temps, tu feras tout ce que je désire.

Morgan ne se demanda pas si Sasha plaisantait. Le regard déterminé défiait ses doutes, et un abîme s'ouvrit sous ses pieds devant l'énormité d'une telle proposition. N'importe qui aurait fui face aux conséquences imprévisibles et dangereuses qu'impliquait cette condition.

« Je sais ce que tu veux... »

Qu'avait-elle vu en elle que les autres ne voyaient pas ? Qu'elle-même ne voyait pas ou ne voulait pas reconnaître ? Elle regarda ses amies qui lui semblaient à présent transparentes, dénuées de substance. Vides. Elle regarda Sasha. La force trouble dans ses yeux, les possibilités angoissantes, le désir sous-jacent, les promesses indicibles.

« Je sais ce que tu veux... »

Oui. Tout plutôt que le vide.

Morgan prit ses affaires et suivit Sasha au dehors, abandonnant ses amies sans un mot.

* * * * *

En sortant du bar, Sasha l'avait emmenée chez elle, un petit appartement sombre et épuré, dénué de décorations, hormis

une série de photographies en noir et blanc sur les murs de sa chambre qui avaient attiré l'attention de Morgan. Elle vit aussi un trépied, et de nombreux appareils, seul luxe apparent dans cette pièce purement fonctionnelle.
– Enlève ton haut.
Sasha avait prononcé cette phrase comme une évidence tout en installant un appareil sur le trépied et en le disposant face au lit.
« Tu feras tout ce que je désire. »
Elle avait déjà accepté en la suivant. Morgan retira son tee-shirt et se retrouva torse nu. Un regard appréciateur parcourut son corps ainsi exposé.
– Mets-toi à genoux.
Alors qu'elle s'agenouillait, Sasha chercha un objet dans une grande cantinière bleue et revint se poser devant elle. Elle accrocha un collier de cuir noir autour du cou de Morgan.
– Tu porteras ce collier chaque fois que tu viendras me voir. Maintenant lève-toi.
Sasha enleva à son tour son débardeur, défit le pantalon de Morgan qu'elle fit glisser légèrement pour laisser apparaître ses fesses, puis programma son appareil photo. Elle revint vers Morgan qu'elle attira contre elle d'une main ferme. Celle-ci sentit le contact froid des bagues contre sa peau et frissonna. Sasha planta son regard dans le sien, un regard si intense qu'elle dut baisser les yeux. Un instant plus tard, elle entendit le déclenchement de l'appareil.
– Rhabille-toi. Je t'attends demain soir, à vingt heures.

* * * * *

Deuxième nuit

Morgan se présenta à la porte de Sasha à vingt heures dix. Elle ne savait pas pourquoi elle était revenue. Peut-être parce que cette femme l'intriguait ou bien parce qu'elle voulait voir où ses agissements allaient la mener. Peut-être simplement parce que, pour la première fois, cette étrange relation remplissait une partie du vide, répondait à l'un de ses désirs les plus enfouis qu'elle n'osait pas encore nommer.

Pourtant elle avait hésité. Surtout après avoir été renvoyée à sa frustration, elle qui s'attendait logiquement à coucher avec cette femme. Mais les règles étaient différentes et elle n'en détenait pas la clé. C'était aussi cette imprévisibilité qui l'attirait. Et l'abnégation qu'on exigeait d'elle.

– Tu es en retard, commenta Sasha en ouvrant la porte.

– Juste dix min…

Une gifle cinglante l'empêcha de terminer sa phrase et la fit trébucher. Une main l'attrapa par les cheveux et la redressa.

– Tu ne seras plus en retard…

– N… non…, balbutia Morgan, tétanisée par la douleur infligée à son cuir chevelu.

– Bien, dit Sasha en relâchant sa prise. À genoux.

Morgan obéit, puis Sasha lui ôta son haut, découvrant qu'elle ne portait toujours pas de sous-vêtements. Seul brillait l'anneau sur le collier.

– Tends tes bras.

Sasha passa des menottes en cuir autour des poignets de Morgan et lui attacha les bras derrière le dos. Debout devant elle, elle déboutonna son pantalon qu'elle fit glisser jusqu'à mi-cuisses. Elle ne portait rien dessous. Elle saisit Morgan par le collier et l'attira entre ses jambes.

– Lèche. Et ne me regarde pas, jamais, ordonna Sasha d'une voix rauque tout en glissant à nouveau ses doigts dans les cheveux de l'autre femme.

Morgan caressa alors lentement le sexe offert avec sa langue, découvrant ses fragrances musquées, écoutant la respiration changeante au-dessus d'elle, s'y accordant progressivement pour changer de rythme, s'appliquant à faire naître des soupirs qui éveillaient son propre désir, jusqu'à ce que les doigts qui la maintenaient servile se crispent douloureusement sur sa tête, lui arrachant un grognement surpris, l'invitant à accélérer, jusqu'à ce qu'elle perçoive ce léger tremblement de la jambe, jusqu'à ce qu'elle entende enfin ce cri ultime étouffé entre les dents. Jusqu'à ce que le silence lui renvoie l'écho de ses battements de cœur.

Sasha lâcha Morgan et se rhabilla lentement. Elle alluma une cigarette et contempla sa nouvelle esclave dont elle devinait les genoux engourdis.

– Debout.

Morgan se releva, les yeux baissés. Sasha dézippa son jean, passa sa main entre ses jambes, puis la retira, vérifiant sur ses doigts la moiteur trouble, témoin du désir qu'elle avait suscité. Ce simple contact avait failli faire jouir Morgan et tout son corps réclamait l'assouvissement attendu. Elle ne vit pas le sourire de Sasha, mais sentit qu'on lui défaisait les menottes.

– Va-t-en maintenant. Demain, même heure. Et ne sois pas en retard.

* * * * *

Troisième nuit

La frustration avait été insupportable. Mais Morgan avait compris que cela faisait partie du jeu. Un jeu pervers qu'elle avait accepté de plein gré.

« Tu feras tout ce que je désire. »

Se plier à la volonté d'autrui. Abandonner sa liberté de choisir, de décider. S'en remettre entièrement à l'autre. Faire confiance. Reconnaître son pouvoir par l'abnégation. Car il s'agissait bien de pouvoir. Elle venait enfin d'appréhender la réalité de son désir refoulé, elle venait enfin de verbaliser ce qui remplissait le vide, ce vide qui la poursuivait depuis des années au travers de relations vaines et fades qui lui laissaient toujours un goût d'amertume et d'inachevé. Elle pensait avoir trouvé ce qu'elle cherchait. Et cela lui faisait peur.

Elle arriva à l'heure, un désir mêlé d'angoisse pulsant déjà dans son ventre. Sans qu'on lui en donne l'ordre, elle s'agenouilla et attendit pendant qu'on la menottait. La main de Sasha se referma douloureusement sur ses cheveux, comme un rite immuable, et l'attira vers sa poitrine dénudée. Morgan remarqua les anneaux argentés qui transperçaient chaque sein avant de les prendre dans sa bouche. Leur froideur contrastait avec la chaleur de sa langue qui glissait le long du métal, jouait avec la peau, tournait et agaçait le téton avec insistance. Un soupir s'échappa des lèvres de Sasha et Morgan aurait voulu voler cette vision de jouissance qu'on lui interdisait. Pourtant elle continua son œuvre sans désobéir jusqu'à ce qu'un coup sec la tire en arrière, manquant d'arracher un anneau, jusqu'à ce qu'elle sente une autre langue chercher la sienne, violant sa bouche dans un baiser brutal et vorace. Un baiser trop court, regretta-t-elle, alors qu'on la repoussait à nouveau.

– Ne gâche pas toute ta salive. Mes chaussures sont sales, dit Sasha en la jetant à ses pieds.

Le visage de Morgan s'écrasa contre le cuir, et sa lèvre supérieure s'ouvrit légèrement, faisant sourdre le sang. Elle hésita un instant, un sentiment nouveau et dérangeant naissant dans son esprit. L'humiliation.

« Je sais ce que tu veux... »

Était-ce vraiment ce qu'elle voulait ? Était-ce une étape nécessaire à sa transformation, à sa soumission ? Un test de sa déférence ? Et quelle serait la suite ? Elle ne connaissait pas les limites. Elle-même ne les avait pas posées. Elle avait donné son assentiment, sans réfléchir, elle s'était déjà donnée ce soir-là dans le bar, elle avait déjà tout accepté. Car elle n'avait plus rien à perdre, plus rien à vivre qu'elle ne connaisse déjà. Sauf cette expérience ultime. Et Sasha le savait.

Sasha s'agenouilla à sa hauteur et lui releva le menton dans un geste de douceur inattendue. Elle embrassa délicatement Morgan, provoquant un frisson le long de son échine.

– Tu n'es pas prête, murmura-t-elle en se redressant.

À ces mots, Morgan vit le vide se déployer à nouveau devant elle, menaçant et désespérant. Elle ne voulait pas y replonger, s'évaporer encore et encore, n'être qu'une ombre, et s'effacer devant la conformité rassurante de son être passé. Elle voulait se sentir vivre, ici et maintenant.

Alors elle se baissa et lécha la goutte de sang qui était tombée, imprégnant le cuir. Elle sentit le goût métallique se mélanger à l'âpreté du cirage, elle fit courir sa langue le long des coutures, s'insinua à l'intérieur des infimes coupures qui marbraient la surface rugueuse, compara la froideur des anneaux qui abritaient les lacets. Elle serait restée des heures à s'appliquer avec délectation comme s'il s'agissait du corps de l'autre femme si celle-ci ne l'avait pas arrêtée en la tirant par le collier.

Morgan vit de l'étonnement dans le regard de Sasha. Et de la satisfaction dans le baiser inespéré qu'elle lui donna ensuite. Comme une récompense.

* * * * *

Quatrième nuit

Toute la journée, Morgan repensa à ce baiser. Et à ce cheminement dans lequel son amante la guidait et dont elle seule connaissait l'issue.

« Tu n'es pas prête. »

Si elle l'était. Elle l'avait toujours été, elle attendait simplement celle qui la révélerait, celle qui décèlerait ses pulsions profondes au milieu des apparences et lui apprendrait à les accepter. Celle qui lui ferait comprendre le plaisir de l'anticipation et de l'inconnu, le plaisir d'être vulnérable comme elle l'était à présent, nue, allongée sur le ventre, les membres attachés par des cordes à chaque extrémité du lit.

Elle avait froid et des frissons parcouraient son corps sur lequel Sasha dessinait des courbes avec un glaçon. Elle sentait des gouttes d'eau qui ruisselaient de temps en temps sur sa peau et se perdaient dans les draps. Le glaçon disparut et alors elle entendit le bruit caractéristique du déclenchement de l'appareil photo, et celui, plus inquiétant, d'un briquet qu'on allume.

Un long moment de quiétude, puis soudain une douleur intense et inattendue. Elle poussa un cri de surprise. Au froid s'enchaînait la chaleur vive. Chaque goutte de cire se succédait à intervalles réguliers, s'écrasant sur la peau dans une brûlure mordante et ciblée. Sur ses fesses, sur son dos, sur ses épaules crispées. Dans la répétition de la souffrance, elle découvrit l'espérance de la chute, elle frémissait dans l'expectation de la prochaine morsure incandescente, s'émerveillant de ce plaisir nouveau, le plaisir qui naît de la douleur qui s'estompe, attendant avec envie son éternel renouvellement pour mieux jouir encore de sa disparition. Elle comprit alors le sens quasi mystique de ce contraste apparent, de cet antagonisme primaire. Le plaisir dans la douleur, la jouissance de la souffrance, une porte ouverte vers un autre état spirituel, là où le vide n'est plus, là où le détachement ne se confond plus au néant. Son corps réchauffé devenait avide de ces nouvelles perspectives et ses cris s'étaient depuis longtemps transformés en soupirs affamés.

Sasha souffla la flamme de la bougie et caressa le dos couvert

d'écailles de cire. Elle descendit plus bas, lentement, épousant les courbes et étudiant les creux, jusqu'à ce qu'elle pénètre enfin ce corps consentant et fébrile. Ses doigts glissaient en de longs va-et-vient puissants, suivant la cadence des gémissements de l'esclave crucifiée enfin récompensée. Son autre main se saisit du collier, lui faisant arquer le dos, compressant la gorge d'où ne sortaient plus que quelques onomatopées extatiques. Et c'est alors que le plaisir allait enfin la submerger que tout s'arrêta. Brusquement. Douloureusement. Son visage s'écrasa dans les draps, libéré de la tension du collier, son sexe palpitant cherchant vainement le contact des doigts évaporés.
Mais il n'y avait plus rien, rien que le froissement des vêtements qu'on lui jetait pour qu'elle disparaisse.

* * * * *

Cinquième nuit

Morgan avait cru mourir de frustration. Elle aurait voulu lui hurler de continuer. Mais c'était aussi un élément de la mise en scène du pouvoir à laquelle elle participait. La frustration n'était qu'une autre facette de la soumission et elle ne pouvait que s'y plier. Tout était question de contrôle. Contrôle du maître qui la manipulait au gré de ses envies sadiques, mais aussi contrôle de soi face aux sensations du corps et de l'esprit soumis à des tortures toujours plus élaborées.
Elle admirait la maîtrise de Sasha qui l'avait ligotée dans des liens savamment noués, debout, nue, à une croix de Saint-André. Un frisson d'angoisse parcourut son échine lorsqu'elle vit le couteau que tenait son bourreau dans sa main. Sasha s'approcha lentement, s'apprêtant à inciser la peau tendre d'où toute trace des sévices précédents avait disparu. Le collier de Morgan lui parut soudain trop serré, elle avait l'impression

d'étouffer. Elle réprima un cri quand la lame glacée toucha sa gorge et glissa le long de son ventre contracté, traçant des arabesques invisibles, comme un serpent inoffensif. La première coupure enfin, sur le sein, les premières marques sanguinolentes. Le même contraste. Le froid du plat de la lame contre la brûlure piquante de l'incision. De nouvelles sensations à apprivoiser.

Sasha maniait le couteau avec d'étranges circonvolutions, gravant des figures carmines dans la chair, s'arrêtant parfois pour récolter quelques gouttes éparses au bout de ses doigts et les porter à ses lèvres, s'appropriant ainsi une autre part intime de son esclave. Une lueur prédatrice dans le regard, elle guettait sur le visage de la suppliciée les prémices de l'intolérable, elle cherchait dans la cambrure du corps la limite infranchissable. En leur absence, les lacérations se multiplièrent et Morgan se concentra pour rassembler la chaleur réconfortante de ses plaies, absorbant la douleur sourde, et la redirigeant au centre de son désir. Elle pouvait sentir le parfum lourd et enivrant du sang qui ruisselait en fines rigoles le long de son corps meurtri. Elle s'engourdissait, bercée par le rituel, l'attente de la prochaine coupure, l'infime piqûre lorsque la lame perçait la peau en surface, puis la sensation de brûlure légère quand elle se retirait, enfin le soulagement de la chaleur.

Soudain, comme un réveil brutal, une douleur intense traversa sa poitrine et lui fit ouvrir les yeux. Une longue aiguille était fichée dans son sein, et elle la vit avec effarement glisser doucement, un anneau argenté fixé à son extrémité. L'aiguille se retira pour laisser place au bijou qui ornait à présent son téton enflammé. Sasha tira sur l'anneau, ravivant la douleur encore une fois et la faisant crier.

Aveuglée par les larmes qui s'étaient formées dans ses yeux, Morgan ne vit pas le sourire carnassier de l'autre femme qui se repaissait de ses réactions. Mais elle sentit une autre chaleur,

celle d'une langue qui s'abreuvait soudain langoureusement à toutes les plaies infligées à son corps. La caresse vampirique s'éternisa, nettoyant toutes les réminiscences du supplice passé, s'attardant avec délectation sur l'un des rares lieux épargnés par la lame, là où le désir s'immisce et se déploie, suscitant de nouvelles vagues de plaisir qui firent suffoquer la femme écartelée, mais auxquelles elle n'osa pas complètement s'abandonner. Avec regret, Morgan sentit justement la langue remonter progressivement, empruntant le chemin inverse, et achever sa course avide sur sa bouche, forçant le passage, meurtrissant ses lèvres reconnaissantes.
Subitement, Sasha rompit le baiser et quitta la pièce, avant de revenir avec un flacon d'antiseptique. Elle nettoya les coupures, réveillant la douleur, puis détacha Morgan qui comprit avec déception qu'elle devait de nouveau partir.

* * * * *

Sixième nuit

Avant de se rendre à son rendez-vous, Morgan s'était observée pendant de longues minutes dans le miroir. Elle avait étudié son reflet avec fascination, contemplant la multitude de cicatrices que lui avait laissées le couteau, touchant l'anneau de métal sur son sein mutilé, comme autant de marques d'appartenance à sa maîtresse. Son regard avait changé, il était plus dur, plus éveillé. Plus vivant. Son esprit n'était plus vide : toute la journée, elle repensait aux événements de la veille, et les revivait encore et encore pour ne pas perdre le souvenir de leur intensité. Rien d'autre ne comptait. Elle était totalement assujettie à cette relation qu'elle savait éphémère et l'angoisse de la fin commençait à la harceler.
Sasha l'avait de nouveau attachée à la croix de Saint-André,

mais cette fois elle lui tournait le dos, exposant son corps nu à sa perversité toujours renouvelée. Le visage plaqué contre le mur, elle ne voyait rien. Elle ne pouvait qu'essayer de deviner les mouvements de l'autre femme à travers les sons épars qui lui parvenaient difficilement. Elle savait maintenant que l'aveuglement participait au pouvoir, renforçant l'anxiété et l'anticipation, décuplant la nécessaire confiance qui seule pouvait rassurer.

Un claquement vif résonna à travers les murs de la chambre. Morgan n'avait jamais entendu un tel son, mais elle comprit instinctivement de quoi il s'agissait. Sasha venait de déployer un grand fouet en cuir noir et le faisait tournoyer majestueusement, étudiant les différents angles d'approche, calculant la meilleure vitesse.

Le premier coup s'abattit sur le dos de Morgan avec une violence inouïe, la faisant hurler. La douleur était cuisante, intense. Insupportable.

Le deuxième coup l'écrasa contre la croix, les cordes se resserrant sur ses poignets, et dessina une fine ligne rouge en travers de son dos.

Au troisième coup, elle étouffa son cri entre ses dents, luttant pour retrouver son souffle, s'efforçant de contrôler la douleur comme elle l'avait fait avec la cire, se persuadant qu'il s'agissait de la même démarche. L'attente. La douleur. Sa dissipation. La chaleur. Le soulagement. Le plaisir.

Elle devança le quatrième coup qui cingla ses fesses, propageant comme des milliers d'éclats de verre dans son corps, affolant ses sens à vif.

Sasha maniait son fouet avec dextérité et précision : chaque lacération était neuve, placée parallèlement à la précédente, ne chevauchant jamais, et imprimant à chaque fois une souffrance vive et nouvelle, scarification sanglante et inédite.

Morgan perdit alors le fil des coups suivants, noyée dans

une succession impitoyable et interminable, son esprit commençant à lâcher prise, submergé par la brûlure aiguë à laquelle succédait à présent une sensation de volupté inespérée et diffuse.

Perdue dans un mélange de jouissance et de souffrance ininterrompues, elle s'abandonna enfin aux salves incisives et s'émerveilla des différents degrés de conscience auxquels elle accédait, de la multiplicité de nuances que pouvaient prendre la douleur et le plaisir. Chaque fois qu'elle pensait avoir atteint la limite du supportable, elle parvenait à gravir un nouvel échelon dans l'exploration des sens.

Alors qu'elle se trouvait au bord de l'orgasme et de l'inconscience, le déferlement de coups cessa, aussi soudainement qu'il avait commencé, et un étrange sentiment de perte s'empara de Morgan. Ses membres engourdis ne répondaient plus et son corps endolori était à la limite de la rupture. Pourtant, elle fut encore capable de sentir la caresse du manche du fouet qui glissait langoureusement le long de son dos, jusqu'à atteindre son sexe où il s'attarda pendant un insupportable instant. Sasha se plaqua contre elle et lui tira les cheveux en arrière d'un geste sec.

– Je sais ce que tu veux...

Elle lui avait murmuré à l'oreille, le fouet pressant toujours entre ses jambes mais immobile, et Morgan sentit que le moindre mouvement supplémentaire la ferait jouir.

– Mais pas maintenant..., ajouta Sasha en libérant l'esclave de ses liens, indiquant la fin de cette nuit.

* * * * *

Septième nuit

En s'habillant ce soir-là, Morgan prit véritablement conscience qu'elle vivrait sa dernière nuit avec Sasha. La dernière nuit. Le temps était passé si vite, trop vite, lui laissant à peine la possibilité d'apprécier l'évolution de cette initiation perverse ou de considérer sa réalité dérangeante.
C'est avec l'angoisse tenaillant son ventre qu'elle frappa à la porte de la dominatrice. À peine eut-elle franchi le seuil qu'elle fut jetée à terre sans ménagement.
– Avance.
Elle tenta de se relever, mais un pied pressa sur son dos, la maintenant au sol. Alors elle se mit à ramper, poussant sur ses jambes et ses bras courbaturés, franchissant avec difficulté le couloir jusqu'à atteindre enfin la chambre.
– Debout. Et déshabille-toi.
Morgan obéit, ses vêtements glissant un à un sur le parquet, laissant apparaître peu à peu les vestiges des outrages que son corps martyrisé avait endurés. Puis de nouveau la croix au bois froid et rugueux, les liens épousant ses poignets, et l'envie qui déchirait son ventre.
Une nouvelle douleur cuisante transperça son dos alors que la cravache s'abattait avec force. L'impact moins puissant que celui du fouet et le rythme régulier des coups l'amenèrent rapidement dans cet état second où la chaleur surpasse la souffrance, une chaleur réconfortante qui forgeait le désir.
« Je sais ce que tu veux... »
Elle voulait juste prolonger cette chaleur où l'esprit se consume, s'y baigner jusqu'à l'extase, arrêter le temps pour s'y noyer enfin.
Bientôt les coups s'arrêtèrent, mais la chaleur enveloppait toujours le corps de Morgan. Elle s'abandonna alors, sentant brusquement un objet en latex la pénétrer, des mains

s'accrocher à ses épaules, et le froissement du cuir contre son dos qui l'effleurait à chaque mouvement de hanche. Le plaisir montait déjà au fond d'elle, mais elle voulait faire durer ce moment, ces derniers moments tant attendus, sa dernière nuit. Le rythme s'accéléra, écoutant les cris, les mains se crispèrent, broyant ses épaules, des gouttes de sueur qui ne lui appartenaient pas ruisselèrent sur son dos. Elle se cambra pour que l'autre femme la possède plus profondément, plus fort, plus violemment, pour sentir son corps heurter le sien dans ses va-et-vient furieux. Des doigts griffèrent son dos, rajoutant une douleur exquise, inscrivant des traînées cramoisies dans sa peau et déviant un instant le plaisir de sa course inexorable. Elle aurait voulu que cette sensation se prolonge éternellement, elle aurait voulu que jamais ne cessent ces mouvements obscènes qui la transperçaient, mais elle avait retenu l'inéluctable depuis trop longtemps. Alors sa respiration se mua en halètements fébriles, et s'abandonnant à une dernière poussée brutale, elle se laissa enfin submerger par l'extase, se noyant dans les vagues successives et violentes de la volupté qui l'envahissait, son corps à l'agonie parcouru de tremblements convulsifs, jusqu'à ce que son dernier cri de jouissance s'éteigne peu à peu au fond de sa gorge asséchée.

Morgan sentit le corps de Sasha se plaquer contre son dos trempé, sa bouche s'écraser sur sa nuque et sa langue goûter la fragrance saline de la sueur qui la recouvrait. Alors qu'elle reprenait progressivement son souffle, les bras de son amante se nouèrent autour de sa taille dans une impulsion de tendresse déconcertante. Elles restèrent ainsi un long moment dans cette étreinte inespérée mais éphémère, instant incongru de douceur dans cette immersion de violence consentie.

Puis, finalement, Sasha se retira et défit les liens qui retenaient Morgan. Sans un mot, elle prit sa main et la mena sur le lit. Lovée dans les bras de Sasha, Morgan s'endormit enfin, bercée par sa chaleur et terrassée par une tristesse infinie et soudaine née de la conscience amère de la fin de son cheminement.

* * * * *

Perdue dans les affres de ses souvenirs, Morgan ne s'aperçut pas que des larmes avaient coulé sur la photo qu'elle tenait toujours dans sa main.

« Je sais ce que tu veux... »

Elle avait deviné ce qui se terrait au fond d'elle, ce qu'elle-même n'avait pu reconnaître ni assumer pendant toutes ces années, ces désirs innommables qui avaient surgi dans la violence et qui l'avaient fait se sentir vivante pendant ces quelques nuits intenses.

Elle se leva et replaça la photo sur le mur au milieu des autres, comme autant de trophées dérisoires, instants de jouissance limités et contrôlés. Elle n'était qu'un corps anonyme parmi les autres, consommé et rejeté. Pourtant, elle comprit qu'elle continuerait d'exister dans l'esprit de l'autre femme à travers ces clichés volés. Sa soumission serait gravée sur ce papier argentique, comme elle l'était sur son corps percé de métal.

Elle devait éteindre ses sentiments naissants. Elle n'avait été que de passage. Et tout était fini.

Elle regarda la croix où elle avait été attachée et se rendit compte qu'elle portait toujours le collier en cuir. Elle esquissa un sourire. Et corrigea sa pensée.

Non. Elle avait représenté le passage, le vecteur de sa révélation, la disparition du vide. Ce n'était pas la fin, ce n'était que le commencement.

Alors elle défit le collier qu'elle jeta sur le lit. Et referma la porte.

Les nuits de solitudes crachées

Nolwenn Gobrait

Il y a une large capuche colorée, qui fait de l'ombre à l'œil, il y a comme un sourire sur cette tache de lumière rouge au bout du nez, dans la fumée, on sent la pêche et la vanille, les yeux errent, indécis, incompris, quand les pieds traînent dans l'écoulement de bière et de mégots. On pourrait croire qu'on ne voit rien, dans tout ce noir, dans tout ce rouge, cette fumée, on pourrait croire qu'on n'entend rien dans ce bruit qui sabre et frappe et tonne, on pourrait être seul, dans l'euphorie, dans le silence des cris écrits sur les visages aphones, et les basses tonnent, giflent l'oreille, on en frémit, le corps moelleux se tend, le bond du son reçu. On se noie sous la pluie des verres renversés ; comme un arc-en-ciel de bière qui dégouline sur les visages impassibles, sur les parkas intachables car trop usées, ça grogne, ça ronfle, ça sinue sans un mot, le son hors des mots, on pense en émotion, sous les lumières pointues, on s'isole dans la masse, on se serre en rebond dans le son qui s'énerve, on se libère, seuls, tous ensemble.
Devant, derrière les platines, il y a des doigts qui glissent sous le visage à peine reconnu, dans la semi-pénombre, les doigts glissent, ou s'agrippent, tapotent, jouent des pitchs qui s'excitent, l'esprit recale le son qui cale, oreille calant le casque chaud, la table immense noyée de lune, il y a des câbles, des retours, de la solitude dédiée. On regarde, on peut s'appro-

cher, loin des barrières posées des sons passés, on peut hurler en silence, accompagné.
Y a plus de silence, dans la nuit blanche, l'enchaînement qui se fait dense on danse, à la césure répétée tout s'accentue, les basses lancent, on balance les mains sur un son qui s'épanche hors des enceintes immenses, l'air enfumé s'élance, rempli de mots absents, gonflé de son, impuissant à transcrire le cœur qui vibre de l'écoute quand dans la pénombre acquise les ombres fuient vers les pyramides de reflets bleus brumeux embrumés où les corps fatigués viennent s'affaler un peu avant la reprise de l'emprise des sons décalés sur leurs membres atterrés.

* * * * *

Je pourrais dire que je suis à la recherche de. J'attends quelque chose de ce vide étalé dans les yeux qui se fixe sur l'espace intérieur. Je crois connaître, reconnaître, je jouis aussi de l'inconnu, n'être rien car personne pour aucun, soulagement. Je me laisse aller au son sans honte, sans gêne, je sais qu'ici personne ne viendra. Mon corps se détend, se balance, peu à peu au rythme des basses qui déhanchent l'élancement du son strident, je sinue en serpent ondoyant sur le son envoûtant, j'ai les mains pressées qui s'étirent vers le ciel en spirale, je m'extirpe de la paroi fluide du tunnel d'inconscient qui m'enferme, je gravite en hauteur, je me découvre et m'explose en surface, c'est l'ouverture profonde, il me semble que je me déploie dans l'air, les pieds calés au sol, la tête tournoyant dans la folie sonore, j'ai le cœur qui comprime, se resserre tellement, j'ai envie de hurler ce son qui me remplit, une larme sillonne en frisson,
je bondis.

* * * * *

Sur les bords de la scène, aux abords de la Seine, passent les amours et les joints en rengaine, il y a de la poésie dans ces lèvres qui se touchent presque, reliées par la fumée. La soufflette envolée.

* * * * *

Jeune fille aux yeux égarés, accroupie au creux du mur, parka brune, baskets usées, les yeux errants, hagards, elle roule un bédo dans le noir, y a plus d'eau dans son sac, des pilules toutes avalées, y a plus que les sons distendus tordus, seule en vogue hallucinée, une fleur en plastique derrière l'oreille, on voudrait lui sourire en lui tenant la main. On voudrait courir dans un champ de bitume odorant avec elle en riant, on voudrait humer la nuit dans la poussière et les pots d'échappement en haut d'une tour grise aux papillons de lumière. On voudrait croire avec elle que le beau d'autrefois rejaillit plus fort dans la merde. On y croit presque quand on la voit sur le ciment sale, la tête inclinée sur la flamme, les cheveux roussis, tellement terne dans le silence du feu, tellement cinglante dans l'air opaque, tellement fraîche dans les pastels, on se dit c'est un ange tombé dans la boue, c'est un sourire sur un cri, un sanglot épanoui en bouquet, on voudrait trouver des mots pour dire la splendeur de l'usure, la resplendissante fatigue des cernes creusés sur les traits tirés de blanc, ce qu'il y a de perdu dans ses yeux tellement bleus qu'ils sont gris dérapés, on la verrait danser sur la tôle froissée, on la verrait rire dans la semi-pénombre du matin au creux d'un bois, on croit pouvoir la croiser près d'une falaise, sous un moteur, au coin d'un feu, on se dit qu'étendue sur le sol c'est vraiment elle, les cheveux dans la bière tiède, on se dit que violée contre un pilier c'est toujours elle, on ne sait pas trop, on ne sait plus, à tel point la tache de sa beauté s'étend, se tend et répercute l'astuce de l'air malsain des sons qui vrillent en vrac, qui raclent et giclent, les graves qui cognent sur les tympans au point qu'elle frissonne en finissant son joint, qu'elle retient sous la langue et souffle en se levant, enfin. On la suit des yeux un instant ; elle s'est déjà fondue à la masse enfumée.

*****

Dans la foule, je roucoule, je délivre la houle de mon cœur qui déboule vers le ciel masqué de projecteurs qui coulent, j'ai le

cœur qui roucoule, car j'ai vu
dans le noir, un sourire,
une fleur.

*****

Y a des pylônes lumineux, ça grignote l'obscurité en ultraviolet délavé, si on se penche un peu on voit des étoiles allumées, des jeunes qui jouent avec des balles à faire des rosaces de couleurs dans les airs, des bandeaux de lumière, en crachats de feu, c'est comme un paradis pour rêves destitués, c'est comme le songe profond d'une nuit d'été, c'est l'absence de tout qui se construit un frisson. On croit comprendre les mots retenus dans leurs cœurs, on voudrait danser avec eux dans le sourire inconscient, les morts aussi pourtant sont là, songeurs et souriants, ils attendent que le temps s'efface sur l'herbe sale. On attend avec eux, un peu. Il faut dire la féerie trompeuse des corps affalés sur le sol en quinconces malléables, c'est beau toutes ces couleurs mêlées au kaki du militaire tué. Ce n'est pas la boue de Woodstock, ce n'est plus l'année 1993, c'est l'évolution d'un début, même pas la re-création d'un hippisme attardé, c'est la récréation des rêves tués à coup de but, c'est comme un enfant qui rouvre les yeux vingt ans après, c'est un rire pour ne pas pleurer. Un rire pour ne pas hurler. C'est la fleur en plastique sur l'oreille d'une raveuse. C'est sa main dans la mienne quand nous courons vers le son, en riant.

*****

Je l'ai tirée de la nuit, extirpée du tout inexistant, je me suis heurtée à ses yeux comme à une barrière de métal, j'ai le cerveau qui a résonné de l'impact de sa main sur mon bras. Puis la fumée. Son image disparue qui joue de l'intermittence.

Elle réapparaît, lumineuse, se détache de la vision brouillée globale, ma tribale avalée par les ombres à nouveau. Elle joue de ses apparitions disparitions comme les doigts excités sur la peau tendue du djembé, je tapote me soulève je reviens et je sens dans mes reins un rictus délicieux. Elle se courbe en côté, se redresse matador, elle s'envole elle jaillit disparaît sous la foule dans les parkas se redresse elle gicle en arrière la tête froissée dans l'air les bras effleurant le sol elle délivre les chevilles des attaches terriennes elle saccade son corps dans le son qui distord les perceptions qui grondent je dévore son corps de mon regard amorphe, disparue elle recrée son image en absence par les bras qui s'échappent de la foule une jambe une mèche

je m'étale.

*****

Les eaux troubles sous la poudre on frissonne en arrière sans un son qui froisse les nerfs la grande eau le grand bleu blanc qui prend sous la narine tirée on rêve, tête en arrière, on oublie que la nuit n'est plus qu'un matin qui languit, que le froid s'étire à nos chevilles comme un cri obscurci, on pense en poussière blanche sur les routes enneigées, les cris des arrachés qui dansent avec les chiens dans l'herbe blanche quand les moteurs ronronnent et personne ne se décide jamais à partir car ici le temps s'étire à l'infini il n'y a pas de départ, on attend ensemble le retour du noir, dans la fumée évaporée, on se serre détachés on ne sent plus les basses qui martèlent au loin dans la salle engloutie.

*****

Nous nous croisons, de nuit en nuit nous nous serrons, comme c'est bon sa chaleur étirée, comme elle est douce la tiédeur de son souffle quand elle me parle trop près.
Je sens qu'à ses côtés, dans cet univers faussé
je pourrais m'envoler.

*****

Elle a une perle dans les yeux, elle a perdu la fleur de ses cheveux. Elle tremble de froid dans la voiture vide, il y a des traces blanches sur les sièges, sur les pochettes des CD, elle regarde le soleil qui joue avec la neige entre les branches, elle se dit c'est dimanche, sans sa fleur oubliée arrachée, des ombres sautillent et grimpent sur le capot, éclats de bière en rire énorme ça secoue sur les roues elle sourit vaguement car le son en elle se détend, elle se dit on reste des enfants, ils jouent tous à rien n'existe, et elle rêve sur le siège incliné de la voiture délaissée. Bien sûr, dans les ombres, derrière les bars les platines les enceintes, derrière les sourires tendus d'ivresse provoquée, dans les caresses insondables des sentiments jetés en brassées de fleurs molles, il y a les débris du monde qui grondent, et parfois, tout dérape, un sursaut un mot et tout revient de l'extérieur mais elle se serre au mur, vibrant de son, elle s'expulse d'elle-même, et c'est tellement mieux comme ça que la dérive assèche les rives des faux sourires qui la déchirent, elle s'envole.

*****

Envolons-nous ensemble, toi ma princesse de manga qui grondilles en disant je n'en suis pas je ne suis rien ou bohémienne princesse de déchetterie donne-moi ta main serre-moi car j'ai mal j'ai froid j'ai deux grandes griffures dans le dos et ça saigne, je voudrais qu'on sache me dire arrête, je voudrais tant que tu me retiennes au sol toi qui t'envoles ne me laisse pas décoller mes vieilles tennis du gravier boueux, laisse-moi fermer les yeux aux chiens laisse-moi arrêter de hurler dans la pénombre que je ne sais pas être heureuse, laisse-moi glisser sur les mots que tu manies quand je ne sais que frémir sous tes orteils à lécher à l'infini, délivre-moi du son qui vrille délivre-moi du sol où je m'atterre et m'enterre sous un vieux moteur usé de terre laisse l'huile couler entre mes seins je veux courir avec toi ailleurs, je veux des taches de lumière sur ta peau qui dérape je veux pouvoir hurler plus fort que les basses qui rythment tes faux éclats de rire. Je suis seule, en courant de lignes en lignes dans la blancheur des mots qui s'évaporent, les rires qui vibrent contre la peau des inconnus où tout se lâche les mains qui glissent qui cachent des idées non conçues des sourires de douceur artificielle des cheveux lisses qui glissent au son des caresses endormies, et les femmes qui s'approchent sous les doigts sous mes doigts qui accrochent. Je me serre aux enceintes qui me vibrent au ventre comme des enfants de rage coupée. Retiens-moi hors des mots éteints.

* * * * *

La petite voix est revenue. Elle ne dit plus le Temps s'achève, elle glisse dans les reflets irisés du gas-oil sur les peaux, elle s'enroule entre les lobes creusés de doutes. Elle parle d'un rictus amovible qui s'accroche à des doigts. Elle est fière de jaillir du plus profond de rien, comme le cri absent du mort-né, elle te ressemble, à toi qui va mourir.

* * * * *

Regarde sur mon poignet l'autographe d'entrée, la plongée dans les yeux sous les capuches baissées, il y a du kaki anti-militaire partout, mais alors pourquoi tout le monde s'en fout, pourquoi y a du silence dans les bouches qui mâchent des mots macérés, je ne sais plus quel univers, je sens qu'on me tire en vertical, je ne sais pas la progression je ne sais pas vers je suis hors je sombre ou je m'envole je m'échappe je m'englue, je ne vois je n'ai rien je ne suis plus je dérive en silence en balance vers la gauche ; heureusement ta main s'agrippe à mon poignet, j'ai tes yeux gris qui me plaquent au vide dans le nuage de fumée que tu balances, j'ai les deux pieds bien posés sur le sol qui vibre, et tout réapparaît, enfin. Main dans la main iris étirés, on danse.

* * * * *

On se sent ailleurs ici, rien de réel, tout distendu, les êtres comme des ombres qui se gonflent et dégonflent vision brouillée d'un univers hors convention. On croirait presque la liberté tant tout est déconstruit.

*****

La tête basculée en arrière je retiens la poudre, j'ai derrière les yeux comme un mur de rocaille qui s'immisce, un mur de sagesse illusion floconneuse qui glisse et clôt ma vision dilatée. Il me semble que la partie arrière inférieure de mon crâne est anormalement enflée, au-dessus de la nuque ça palpite et s'affaisse, ça me projette des visages, des rafales de rires aux éclats en flash-back pré-découpés pré-emballés, c'est propre lumineux et on y croirait presque si les traits reconnus n'avaient pas au passage perdu l'identité, si cette lumière qui baigne de bonheur n'était pas bordée de cramoisi sombre, on sent les parois qui grignotent on sent que le craquellement s'amorce, on commence à croire je commence à croire, il me faut revenir à – ce visage – ne m'est pas inconnu mais l'heure qui s'attriste sur mon sourire qui ne ravit que le faux miroir du rétroviseur, je ne vois plus ses jambes, ma princesse endormie est étalée, ou crinière en cavale à vomir dans les toilettes ou agiter son corps, le mouvement de son dos sinueux sous les spots agressifs les sourires les approches en rire, je ne sais plus l'illusion ou la drogue je voudrais me rappeler mais comment t'appelles-tu ma princesse que faisons-nous ici j'ai quelques provisions   de son
oui mais je suis à l'extérieur tout revient à nouveau la vision accélérée souvenirs préparés à ressortir en famille ou plutôt sur la table devant les pizzas du dimanche soir, entre les bières et le whisky ou bien mais oui j'entends au loin Anne ma sœur Anne n'entends-tu rien à venir le son qui froisse les mots absurdes je ne comprends plus le croassement du bois il me faut revenir, est-ce le matin je ne sais que languir ma princesse

mais j'ai trouvé bien plantée dans la terre une vraie fleur pour tes cheveux.

* * * * *

J'ai besoin de me remplir, tu comprends. Absorber, ingurgiter, m'imbiber, m'imprégner, me gonfler, me tendre ou malaxer.

* * * * *

Elle est allongée sur la toile brune tirée du canapé, grand corps efflanqué qui jette ses os en provocation de chair absente, je frissonne à l'approche de son souffle sur ma peau qui s'abaisse vers la sienne, je frissonne en songeant au rythme de ses nerfs dans la musique amère qui l'étire éphémère sous les rages vulgaires, les regards empruntés les chimères soudaines qui s'envolent dans les airs enfumés enroulés de lumières en scission quand ses yeux gris se posent comme des papillons sur un nuage loin des peaux qui ombragent mes yeux coulant sur elle, j'ai envie soudain de hurler comme les basses, la plaquer entre deux enceintes sortir de la nuit en hurlant pour la garder de l'éclat fuyant que j'ai cru entrapercevoir dans un œil égaré une nuit.

Peu de temps plus tard, au creux des sièges froids de la voiture usée nous hurlons des mots amusés sur le son qui martèle, les vibrations qui coulissent le long des appuis-tête, le long des sièges à peine inclinables, contre la nuque la colonne, glissent les grésillements jusqu'aux jambes nerveuses, nous sautillons sur place, amusées du petit papier froissé pour retrouver le lieu où nos ébats bruyants auront enfin un sens. Du coin de l'œil, je la regarde décapsuler sa bière sur le siège place du mort à l'aide de mon briquet violet, elle est concentrée sur ses doigts, la pieuvre aux ongles ronds, son image, à l'arrière un autre corps endormi qui se met à sourire au son du pschitt, nous sommes si forts dans le clair-obscur, si déments dans l'inconscience qui fait que tout dure toujours, que rien ne cesse jamais puisque nous sommes enlacées dans le même rêve qui ondoie sous la bière, elle se retourne vers le siège arrière passager sécurité enfant en brandissant la bouteille de whisky, avec la bière c'est délicieux, il ne fait même pas nuit, on ne sent pas encore la sueur, s'il me fallait la serrer sur mon cœur pour traduire ses tremblements de feuilles craquées, mais la route à suivre, nous sommes le trio délirant, nous contenons les bonds, nous sommes purs inconscients et nous allons trouver la nuit pour hurler vivants dans les cris réjouis, c'est notre vérité.

* * * * *

Ce soir nous serons les maîtres du temps, nous allons gicler vers l'infini, faisons-nous croire que nous sommes jeunes et que rien n'a de prise sur nos idéaux puérils, laissons croire au monde que nous ne savons rien de l'enfermement, la dépossession originelle, Adam et Ève avaient compris que la pomme n'était ni la connaissance ni le savoir absolu, rien émané de Dieu mais le châtiment incontournable inconditionnel de la loi de la division, et que si le malin est la scission, la pomme, la *mala* latine est née à partir du deux, car ils le savent nos deux amoureux du paradis que si la faute est à la chair, c'est par la multiplication, l'acte coupable de division multiplication qui crée de l'un le plusieurs. Au commencement était l'un, pur. La chute fut le deux, le trois le quatre. Car nous savons, le nombre enferme, au commencement était le Verbe. Puis naquit le nombre social, le nombre en extension. Mon Ève, nous sommes perdues. À deux, où allons-nous nous diviser si fort que plus tard nous entendrons hurler vers l'infini tant de pleurs, vers où courrons-nous main dans la main pour fuir l'oppression de nos futurs saillants, j'ai si peur de nous ma chérie que cela reste une chance

que Dieu n'existe pas.

* * * * *

Nous commençons à *reconnaître* ; de nuit en nuit sans lien les unes avec les autres une toile poisseuse se tisse malgré tout en rapports répétés, on nous regarde en appuyé, nous ne sommes plus hermétiques au jugement le regard la reconnaissance froissée, c'est l'effilochement de la liberté qui saille sous les bonjours nouveaux des inconnus repérés, nous entrons dans une sphère que quelque chose englobe, on sent un cercle qui se dessine derrière les rires qui se gondolent. Quelque chose tinte en fausset dans cet univers. Nous ne sommes pas échappées. Nous avons changé de bulle. Je tiens sa main serrée en regardant autour de nous, un homme nu se balance, on voit sa queue qui pend en balancier au rythme de sa danse, j'ai des violents haut-le-cœur, ça me tire dans les tempes, je fuis vers les toilettes.
Fin du passage, en éructations nauséabondes.
Salutations.

* * * * *

J'ai l'impression d'oublier les nuits d'ivresse au gré des matins nauséeux où nous finissons toujours, matin de soirée, par jeter nos deux corps épuisés et tremblants dans un coin, l'un sur l'autre sans même la force d'un baiser tout juste nos bras qui s'agrippent, grelottant, nos corps qui se serrent, fébriles comme on sert à soi la couette trop fine dans l'hiver, l'impression que nos yeux n'osent même plus se fixer, quand nos joues meurtries s'appuient l'une sur l'autre dans l'obscurité et que nos lèvres se serrent, l'impression qu'on nous frappe en continu, nous sombrons dans le sommeil perdu. Les lendemains houleux où la fatigue, les substances nous tirent hors des sentiments, à trop se secouer côte à côte, la solitude s'installe. Nous marchons en silence le long d'un trottoir, d'agressions en agressions nous continuons de nous serrer, l'esprit toujours à la veille, dans le son qui palpite. Tire-moi à toi ma chérie fais-moi croire que nous sommes jeunes que nous rions si fort que le temps nous oubliera, je ne veux pas voir ton sourire se transformer même si je sais le masque, même si je connais le mensonge de tes yeux qui errent sur les formes indécises qui t'entourent, laisse-moi t'enlever au noir, je voudrais pouvoir me passer de tout pour rire en éclat de pureté, je voudrais pouvoir affronter tes yeux quand ils divaguent si fort que j'ai peur de nos vies qui s'emmêlent nous entraînent dans les bas-fonds obscènes que l'on s'était promis de fuir, on connaît l'illusion du rire ma chérie, si bien que nos pleurs matinaux ne nous apprennent rien, on a tant d'êtres dans le crâne, tant de frissons à expulser mon amour que je ne sais pourquoi nous continuons de vomir dans l'obscurité en imaginant voir le reflet des étoiles sur la surface rugueuse de nos renvois.

Tu vois ce que je veux dire ? – Non.

– Ça ne fait rien ma princesse.

* * * * *

Que fuyons-nous ensemble ? J'ai un peu abusé, conclus-tu, avant de finir sous les draps, les yeux blancs, à hoqueter dans la sueur. J'ai ma main sur ton front qui tremble tellement je t'aime.

* * * * *

Quand nous nous tenons la main ma chérie, avec les yeux des autres comme un couteau entre nos deux cœurs, j'ai peur de l'enchaînement vers lequel je t'entraîne, c'est si doux quand tu hausses les épaules en souriant.

* * * * *

Relève-toi. Il y a une éclipse dans la pupille, on sent un grondement profond au fond du vide et l'œil frémit. Prends ma main. Où suis-je. Tout va bien. Où suis-je. Reste sur ma peau. Ne t'en va pas. Serre-moi fort. Raconte-moi l'histoire, tu sais, celle qui finit bien, si tu la connais. J'ai besoin de ton rire en sourdine, et ta peau pour me rassurer sur mes cheveux épars, non ce n'est pas une poignée, c'est un tas, un rouleau, une montagne, je suis du blé fourbu, aide-moi à briser les glaciers qui me séparent des maux meurtris, prends ma main comme on doit s'aimer malgré le vent qui siffle sur mes cheveux morts. Viens, tu sais qu'on oublie tout dans la moiteur, que les pulsations du sang sont la berceuse des vrais. Endors-toi sur moi si tu peux. La goutte effarouche le cil qui courbe mais la peau qui se serre dénie. Reviens à moi, il reste si peu de temps à compresser.

* * * * *

Nous franchissons l'espace urbain, nos pas nous entraînant l'une l'autre, sous le soleil qui gicle le long des vitres lissées des vitrines, nous nous camouflons par la cadence de nos pas, nos yeux fixés devant, bien à l'abri des verres teintés. L'espace autour de nous se brise en fragments bruns, des réflexes de nuit, nous morcelons l'espace, louvoyons entre les corps animés. Certains regards pourtant nous fouillent et des hochements de tête, des saluts nous parasitent, je serre sa main plus fort. Dans ce monde où le soleil éclate les règles sont différentes, nous avons troqué nos loques pour des déguisements standards.

Les grand-mères tournent les yeux. Les hommes sourient en coin. Les femmes se détournent. Mais nous ne craignons rien, peau contre peau.

* * * * *

Un sexe me pénètre, on m'écarte, on m'enfonce, on me tâte on palpite, j'ai dans le corps des tremblements insoupçonnés, comme une envie de tout expulser hors de moi tout en tout retenant pour hurler, j'ai une main sur la bouche qui me serre, une autre sur le sein gauche et les fesses qui frottent sur de la toile rêche, ça brûle ça chauffe le vagin qui s'étire comme un enfant au saut du lit, ça gonfle ça rougeoie, d'autres mains qui me tiennent aux hanches, ferme poigne, qui me font aller venir. Ma princesse, à quelques mètres, est allongée par terre, en hoquets de révolte. J'ai au fond de mon crâne rougeoyant sa main serrée fort dans la mienne.

* * * * *

Je te prends sur le lit je t'agrippe je te serre avec la force des entrailles qui me crient de t'aimer, j'ai dans le ventre des étirements violents qui voudraient te forcer, je te tiens je te serre je te mords la colonne comme je peux je te tire les cheveux en arrière pour que tu gémisses un peu, je veux te faire mal et que tu aimes ça, je veux oublier la force des autres quand ils font mal, je te veux pour moi, j'ai envie qu'il m'éructe un sexe énorme et je m'éreinte en doigts en instruments en mots en lèvres langue quand au final je ne devrais que tanguer du bassin à jamais sur ton corps que je presse, je suis en larmes je ne mouille plus que des yeux et tu voudrais te retourner et glisser ta langue entre mes lèvres sans que je te hurle de me lâcher mais que crois-tu qu'on peut guérir aussi vite de la rage éméchée qu'on peut se laisser aller ensuite à l'amour en petit ange décoloré.
Tu te retournes, nue, devant moi, immense contre le mur, les bras en croix, je suis à genoux à tes genoux sans pouvoir redresser la tête assez pour voir tes yeux qui me narguent j'ai dans la tête le projeté violent de ton corps pâle tiré la légère courbe de tes seins j'ai tes cuisses dans la bouche tes doigts qui me fouillent me forcent tu me plaques de ton pied je vais vomir dans ton amour alors que tu me frottes la tête contre les lèvres j'avale des cheveux comme des étoiles en oubliant toutes les parties de toi en moi je me révolte en sursaut et retombe sur le lit
Épuisée de toi fort.

* * * * *

Tout ne fait que recommencer, toujours. Je ne suis plus sûre de pouvoir continuer. Qui sont ces gens hors des nuits. Ont-ils une vie hors des nuits. Ont-ils une vie. Je sens qu'on sombre

vers quelque chose. Ne crois pas que j'ai peur. Tu parlais d'un son immense posé au sommet d'un champ courbe, avec des forêts tout autour, tu me parlais de la ronde des branches dans le crissement sonore, du soleil qui éblouit à faire crever les yeux dorés, de nos deux robes blanches qui auraient tourné sans fin dans le vert infini, dis-moi que ce n'est pas un rêve notre course folle dans les maïs, nos traînes de voile blanc s'accrochant dans les brindilles, j'ai un cœur au creux du ventre qui me dis que cette histoire ne sera jamais notre manga de fées, nous serons sous la terre à fouiller les racines de nos doigts avant que nos robes ne soient prêtes et qui viendra à notre fête.
Qui viendra.

* * * * *

Petite enfant perdue, petite tête étroite, tu trottines en testant le clac de tes talons sur les cailloux cassés de la mine de charbon, ma petite gamine qui chantonne à tâtons dans le son qui bourdonne et titille les notes.
Serait-ce une toi passée ?

* * * * *

Névrosée, je n'ai plus les mots. Il ne reste que les doigts qui jouent du vinyle pour ton corps. Derrière les frissons d'absurde que je soudoie, je sens qu'on m'écartèle, une poussée vertigineuse qui me comprime avant le bond.
Je
Ne
Sais
Plus.
Rappelle-moi à moi, si j'ai eu des rêves un instant, si la poudre
Si
La cime ment, son *oscillement*, c'est le ciment de nos soucis,
et si la scission cesse que serons-nous ensuite ?

Que-

Je t'ai vue sur ton lit d'hôpital, tu tremblais en faisant semblant de sourire. Je t'ai vu passer les mains sur ton crâne, j'ai vu la mèche brûlée dans tes yeux las, j'ai vu comme tu as ri. Je ne veux plus jamais voir ce rire mordre et déchirer ton visage. J'aurais préféré que tu me croques. J'ai rêvé que nous dansions, dans le noir, au centre extrême d'une forêt, et le feu s'agitait en danseuses langoureuses folles et projetait des serments dans les étoiles, nous tournions comme des fleurs envolées, et l'herbe noire frémissait de brûlure incestueuse, on entendait le cri des bêtes, les craquements de bois et ta robe s'envolait plus haut que tes cuisses blanches que les flammes irradiaient, et dans la blancheur du tissu je me perdais de songes en virevoltant de rire, et nous tournions plus fort autour du feu, tes boucles longues en diapason sur la torture du son, le cri des mots crachés en coups de talons sur la terre, nous finissions par tomber enlacées sur la fraîcheur odorante de l'herbe et des feuilles, un baiser d'écorce et de sève, nous prenions feu ensemble,

Envolées.

* * * * *

Elle me frappe, frappe, et mon dos claque contre le mur, c'est le clac de ses bras sur mes os, c'est le coup de ses yeux qui me craquent dans le cœur, je m'agrippe et dérape, j'ai ses paumes qui se plaquent sur mes dents qui claquent, ça grince dur, je bivouaque sur le mur,

Elle me frappe et j'encaisse, je m'éclate sur les caisses en pin blond, sans rebond, j'ai les fesses qui s'accrochent aux échardes.

Accroupie, éclapie, la nuque contre le crépis

Je pleure

J'ai des bleus sur la peau en éclats de ses yeux, du mauve, du doré mordoré, ecchymoses sur peau mate en coucher de soleil,

c'est l'éclat de ses yeux sur ses idées
brisées
Je me frotte les paupières, il y a du sang sur les pierres qui me pressent la peau
je frissonne de ne pas même oser
Me défendre répliquer raisonner
c'est que je suis usée de ses mots
Je m'épuise
De trop
Déraison Et liaison La lésion
Elle s'accroupit, pose sa tête sur mon cœur,
Elle pleure,
Elle prend mes joues entres ses paumes, il y a du sang qui colore ses doigts
et c'est joli,
Elle me dit c'est la dernière fois et son pardon se froisse aux draps tirés de mon cerveau.
Elle m'enlace, et lasse je sombre dans ses
bras.

* * * * *

Il n'y a aucun mot pour dire ce qui reste hors de tout, hors symbole hors pair au repaire de mariole non vraiment rien ne vient plus quand tout se tait et reste tu à tout jamais, et toi petite gamine têtue comment sais-tu ce que je tais. Et ce petit diablotin est-ce encore toi, ou moi. Suis-je au réel une petite fille aux couettes blondes, petit diable à balle rouge, comme une vision sur *Lost Highway* ou bien la longiligne brune au dessus de la source qui se mire pour y mourir. Rien de ça, et qu'importe je n'ai plus les commandes, musique merde mets l'album, il y en a qui dorment dans une baignoire d'acide, d'autres qui trouvent des malles de verdure, il y a des allumés qui payent pour gagner des concours qui leur paieront le

matériel pour participer à d'autres concours et ainsi de suite dans le dérèglement sonore latent. Mais très sérieusement, si on relève l'incohérence qu'il faudrait taire, mais non, ou bien. Voyons, j'en suis l'exemple, je perds mes repères et désespère de mes errances qui se répètent et se repèrent un peu trop vite un peu plus fort, mais si l'on part du principe qu'au lieu d'avancer je gravite ou je sinue on finira par trouver un sens à mes errances, on se dira elle marche en crabe, ou bien c'est une chorégraphie, ou encore quelle précision dans la folie, mais justement, rien ne se tient puisque tout est fou rien de construit, je m'évapore. Je devrais peut-être essayer de recréer les liens absents, tous les liens morts qui donnent un sens au tissage, sans quoi les bouts de laine effilochés
Mais que tisser
Quand c'est si beau un petit tas
Moelleux
Par terre.

Merde j'ai effacé mes MP3.

* * * * *

Les peintures sur nos corps commencent à dégouliner sous la sueur mais encore nous vibrons parmi les autres corps hurlants, j'ai des relents d'Auschwitz, des rages de corps affalés sous la terre et j'ondoie sous la pluie de salive, c'est le doigt désigné du monde sur nos terreurs,
Mais tu verrais, chérie, comme c'est beau de mourir tous ensemble, sous les mêmes pas piétinés, et tes seins qui ne s'affaissent même pas sous la honte, j'ai des envies soudaines de te les arracher. Tu me parles d'un nouveau monde et j'ai le visage qui frôle une peau blanche trouée de noir, j'ai les cheveux qui giclent en arrière à la vue de la poitrine offerte, une pâle rondeur outrageante et humide, tu me tires par le bras et j'écrase malgré moi les étoiles tracées sur le sol à la craie.

Nous roulons sur la terre
Battue.
Dans la pénombre on sent toujours le poids des ombres et je dénombre un nombre inerte de femmes rondes rondeur féconde et maladive je récidive à distinguer derrière les ombres le trait trop franc et trop épais de la chair blanche et grise.
Je suis contre le mur, un trait violent au bas du ventre, je me plie en mouchoir, avec dans les yeux clos des visions trop informes, déformées, une poitrine énorme, trop blanche sous les voiles de satin noir, de laine noire, de crochet noir, et les traits de marqueurs sur la peau, je me courbe en espérant parvenir à faire de mon vomissement une expression sexuelle. J'ai des corps qui se courbent sous mes paupières closes trop lourdes pour chasser les langoureuses collines de chairs gonflées
Comme un éclat
Un tout petit vagin
Rouge vif.

* * * * *

C'est la névrose qui reprend, le manque du lendemain matin où l'on a trop bu de peau. C'est la flèche pointée des mots, les substances qui collent et raclent les parois. J'ai mal aux oreilles du son passé, j'ai des rides précoces au coin des lèvres, c'est le fardeau du sourire niais, et pourtant il y avait au creux des lobes une maison qui brillait de soleil, dans la campagne fraîche, et la rivière en friche, ou le contraire.
Mais elle a dormi au-dessus des rails, sur la rambarde en fer, le panneau attention danger de mort, ligne à haute tension n'était même plus lisible. C'est le premier TGV qui l'a réveillée en sifflant sur les rails. On passe la nuit à rire des distorsions, et tout paraît si nouveau au réveil, il n'y a pas l'odeur de pisse, de gerbe, de sueur, ni le froid l'humidité, juste l'excitation fraîche d'un inconnu, le grand renouveau hors des mots, sortir, ou écarter les marges comme les cuisses de l'aimée, se rouler

dans la boue en pensant à Baldur's, et chanter Tryo, car c'est tellement vrai que les journées sont longues. Je grelotte sur ta peau, je suis hermétique au monde conscient des êtres qui se pressent sur les trottoirs sales. Je ne cherche plus mon reflet dans leurs yeux. Et que verraient-ils si ce n'est deux gouinasses clochardisées. Je ne veux pas savoir. On me demande c'est combien et je remonte mon bas prune en regardant ma belle qui rit à peine. La mèche derrière l'oreille, je me redresse en femme hautaine pour oublier ma condition,

puis au fait c'est cent je crois.

Elle reste à côté pendant qu'il me touche, je bouge un peu mon corps pour faire croire que. Je pense au billet entre mes doigts, vieux souvenirs de *Terminator 2* avec « argent facile » qui résonne en chansonnette ou comptine enfantine. Elle a les yeux gris qui me percent de vide. Je crois qu'il n'y a plus rien derrière, je ne sais rien y lire, c'est tellement froid et fixe. Quand mon corps me revient elle me dit c'est mon tour, se retourne, relève sa jupe et se penche contre le muret. Je détourne les yeux en pensant aux incendies de forêt en Amazonie, et c'est beau comme ça crépite.

* * * * *

Elle est serrée dans mes bras, nous tournons au rythme de la musique qui palpite, nous rions à pleine volée en marchant sur les pieds des teufeurs autour de nous, nous rions en déployées, puisque tout est derrière nous, le matin étiré, la fuite morcelée du Temps comme une déjection vaine, nous nous serrons, on se déchire de baisers fous avec les yeux fermés qui retiennent la pluie, on s'aime si fort, que tout s'oublie.

* * * * *

On va mourir ensemble. Non. Si. S'il te plaît laisse-moi croire que. Il n'y a rien à croire puisqu'il ne faut que vivre, et c'est déjà si dur. Mais tu ne sais pas à quel point. À quel point mes bras. Non à quel point j'aime danser autour de toi, sentir ton souffle sur moi. À quel point j'ai besoin de tourner sur ton corps, ne jamais cesser de tournoyer autour de ton rire, de frémir sur ta peau à quel point je ne pourrai jamais continuer, sans toi. Tu danseras sans moi. Rappelle-toi tant de fois tu dansais dans mes bras en oubliant ma présence, là ce sera identique, ou tout juste l'inverse. Tu serreras d'autres bras, tomberas dans d'autres rires, ou tu danseras seule en oubliant que je ne suis plus là. Oublier. C'est notre seule chance. La survie. Oublier. Vivre. Mais tu ne sais pas à quel point j'aimais me perdre dans les hangars, parmi la foule anonyme, juste assez longtemps pour te croiser au hasard, et te crier ma princesse, t'étouffer dans mes bras, tu ne sais pas comme j'aimais te perdre pour te retrouver fort et maintenant maintenant. Maintenant je vais mourir, sans toi.

* * * * *

Mais puisque tous les mots, tous les styles, toutes les formes sont épuisés, il ne reste qu'à dire merde, et même la vulgarité s'épuise. Dans le silence évasé, c'est le déballage des mots pêle-mêle pour exprimer sans répéter et malgré tout rien de nouveau.

* * * * *

J'ai ton corps sous moi. J'ai envie d'y poser mon pied, juste un peu, sur les côtes. Puis l'autre pied sur le cou, juste assez pour que ça craque, j'ai déjà frappé un peu auparavant, mais maintenant j'ai retiré mes chaussures. Tu m'avais dit tu me protègeras ma chérie. Pour toujours contre moi et c'est amusant d'y penser en marchant sur tes cheveux. En descendant mon sexe sur ton visage j'ai eu très peur que tu te réveilles du coma médicamenteux où tu te traînais, du coup je n'ai pas réussi à mixtionner. Ou peut-être à cause des soubresauts de savoir-vivre.
Je me contente pour le moment de laisser tomber des gouttes de salive sur la peau tendue de ton ventre. Blanc sur blanc,

c'est joli. Puis sur les côtés, ça se mélange aux cendres. Seras-tu aussi jolie, une fois morte ?
En pensant aux kystes, aux ovaires, je parviens à frapper juste sous l'aisselle. Je t'imagine sans tes cheveux, qui commencent déjà à tomber, et un coup au but pour ma future Barthez. Je swingue en euphorie, c'est le stade vital, ou le dernier stade ovation du public on remet ça y aura-t-il un *bis* un retour je frappe dans les côtes et ça craque. Tu gémis.
Je vomis des mots comme protocole ablation radiation ou perruque je gravite sur ta peau en coups lourds je te veux baignant dans le sang qu'ils veulent souiller d'immonde, je te hais de mourir je te hais de survivre je te hais de m'entraîner avec toi vers l'absurde l'illogique vers le vrai qui palpite au fond de nous chacun de nous tous y compris nous toi et moi toi toi toi en première je ne veux pas tes rires tes espoirs qui se mordent la queue qui crachent la queue des hommes et si c'était pour ça que tes doigts fouillent mon corps.
Pourquoi les bleus n'apparaissent pas ? Je voulais faire de ta peau un drapeau à étendre, à claquer des doigts morts. Un bleu blanc rouge immense et non patriotique. Je voulais qu'on te filme arrachée dans les cris. Je voulais faire des dessins sur ton corps puisqu'il ne t'appartient plus. Puisque les blouses te fouillent de trop. Puisque tout arrive et tu laisses tout arriver. Puisqu'il n'y a même pas de révolte, je veux te percer, te trouer faire vibrer ton scanner. Je me suis frotté les seins au papier de verre avant de glisser sur ton corps. J'ai laissé ma trace de fausses caresses en taches d'un beau rouge vif. Je n'ai pas entendu ta réplique, peut-être à cause du bâillon, mais j'ai bien vu dans tes yeux que tu acquiesçais grandement. Je veux qu'hors de toute volonté nous soyons le plus beau gâchis de femmes, un tas de chair incandescent. Deux déesses en charnier,
C'est d'un romantisme huppé pour vieilles salopes fardées. Je ne veux même pas

mieux.

Si je perds ton sourire.

J'ai tout perdu.
Ma femme.

*****

Elle est démente. Immense sur mon corps qu'elle maltraite. Je suis la voix tue, l'autre hors narration, j'ai le bâillon de ses mots crus sur moi entre mes lèvres serrées. Je suis la plainte de ses coups que j'essaie d'apprécier pour moins sentir et moins souffrir mon mal, je suis sous morphine de toute façon. C'est plutôt la lueur dans ses yeux qui fait que.
Vous savez je suis naturelle je me laisse vibrer sous les seringues les bras bleus les sourires effacés je subis je sais les mots fades les blouses rapides. Je ne comprends pas ses égards ses yeux hagards quand elle me frappe. J'ai son amour toujours au ventre même quand je rentre après les seringues les excuses les rendez-vous les reports les crises de mort de saut au port de prise au mors je m'endors en frissons sur son corps elle me berce elle me chante des chansons elle me dit je t'écris je connais tous les sons que ton esprit tait. Elle me dit n'aie pas peur, je veux être ta seule souffrance, laisse-moi être ta mort hors du village des éclopés car Peter Pan tu comprends c'est un mec et moi je suis
Une femme.
Tu me dis.
Elle me dit. Je ne sais pas je ne l'écoute pas vraiment,
Quand elle m'attache sur le sol et qu'elle joue du rasoir sur mon crâne en hurlant que de toutes façons de toutes façons elle ne veut pas les voir tomber elle me dit ou j'oublie que j'ai compris sur le coup je ne sais je comprends simplement
Le poids mort de mon corps.
Le poids de son corps mort.   Sous les doigts.

J'ai peur.

*****

Vous voulez pas danser avec nous les filles. Ils regardent mes mains qui la caressent sous son tee-shirt. Il y a le mépris l'envie la violence. Je ne retire pas ma main, je continue de tourner avec elle qui serre son visage dans mon cou. Ils nous enserrent, nous sommes maintenues entre eux, l'odeur d'herbe les relents d'alcool me font suffoquer je plonge dans les cheveux de ma femme pour respirer l'odeur de l'hôpital. Allez bouge bouge bouge ton corps. Vous êtes bien entre meufs. Ça doit vous manquer des mecs comme nous. L'étreinte se précise je prends une grande goulée d'air malgré les produits qui m'inhibent. Sérieusement ça fait un moment qu'on vous regarde et c'est bien excitant de voir deux meufs comme ça, vous avez l'air bien chaudasses en plus. J'embrasse ma femme doucement, le creux de l'oreille, la joue, la commissure des lèvres, je lui lèche la lèvre doucement. Ensuite c'est hors de moi. Il y a des coups mon poing qui déchire, des hurlements des cris, on me retient on me maîtrise, je me dégage, nous finissons sur le trottoir, entre deux Blacks qui nous disent on comprend mais on est bien obligés, c'est notre taf. Je regarde les yeux furieux de ma femme et soupire.
On se sourit.

*****

Débardeur qui décolle les épaules brunes et maigres, c'est le carré léger les marques masculines sur la chair de la femme, attisée. On la serre comme un piquet, elle regarde ailleurs, muscles serrés. En fait elle recrée la rondeur hors des mains qui la palpent. Elle s'invente la chaleur d'un souffle sur la nuque. Elle est avec l'autre qui meurt
Mais elle laisse son corps.
Elle est dans sa chemise blanche, les traits bleu ciel sous les yeux gris. Elle ne prie pas elle chante et c'est beau sa voix qui

chuchote dans le noir infini. Le silence insatiable.

*****

Je ne peux plus manger. C'est dur de mastiquer quand on a les sanglots dans la gorge, alors j'ai arrêté, tout simplement et quand il me prend l'envie parfois d'un milk-shake ou d'un Yop, je me force, j'essaie même de pleurer avant, mais après les larmes, l'envie a disparu. C'est impensable comme ensuite on s'étire dans la vie, j'ai gagné de nombreuses heures hors mastication hasardeuse, alors j'occupe ce temps à rêver et trouver des solutions pour arrêter de pleurer. Mais si j'arrête je pourrais recommencer à manger alors quelque part je tourne en rond, mais ça aussi c'est un gain de temps, enfin je crois, je ne suis même plus sûre.

Dis-moi j'ai dit un grain de temps ?

Comment t'écouter quand dans ton lit je vois tes os qui pointent menaçants vers le ciel vide. Comment t'écouter quand ta voix s'épuise en sifflement insensible, s'affaisse hors des sons susurrés. Comment comprendre le nœud de ta souffrance irraisonnée.

J'ai voulu remuer la toile d'un coup de bâton, la brindille sur le réseau douloureux juste pour voir ce qui allait tomber, je n'ai rien vu, tu n'as même pas frémi et tes lèvres ont poursuivi leur route sur les terres hors de mots intelligibles,

j'ai eu peur.

Encore.

*****

Sur ta joue un de mes cheveux s'effile, une caresse se profile et mes baisers gravitent, tu sens la fleur, la vanille, le lait chaud et je m'évanouis de douceur c'est comme une île évaporée. On nous regarde, on nous sourit, même, c'est qu'il y a méchamment de la fausse douceur dans les couloirs d'hôpitaux, entre les chambres de la mort, les petites fenêtres de brise-destin, il y a plus de caresses autorisées, pour dissimuler les larmes sous

les gestes. Je sais que nous sommes adultes et si le médecin à la crinière hirsute, ou celle dont la blouse s'ouvre un peu trop, ou encore le psy vanné ne se noient pas dans mes douleurs c'est que j'ai ta main qui me serre qui prend mon cœur qui serre ma peur, et je suis avec toi. Et ma joue sur ta joue. Te respirer pour oublier les relents d'antiseptique Bétadine eau oxygénée alcool modifié toutes ces odeurs hors de toi
Ma fleur
Coupée.

* * * * *

Je la jette sur le sol, elle s'étale. Je ne veux pas savoir sa douleur puisque j'aime le bruit de ses os sur le sol, quand elle couine affaiblie, quand elle ronfle sang au nez, je m'en fous de ses cernes, de sa peau qui se tire qui s'affaisse, je voudrais vomir sur sa crinière déchue, je voudrais marcher sur ses lèvres en talons aiguilles ou en bottes, peu importe elle est par terre de toute façon, c'est déjà ça. Je vois bien les regards je sens qu'on pourrait me frapper pour que je cesse, mais je sais aussi qu'elle me défendrait. Elle ferait semblant de danser sur le sol avec un faux sourire sanglant et j'éclaterais d'un beau rire bien franc ou j'enverrais mon poing valser, mais rien ne peut plus sombrer jusqu'à nous puisque nous ne sommes plus rien pour personne ni pour nous. Agrippées l'une à l'autre on se mord de baisers en écoutant le son qui tonne, parmi les cris distants si distants d'autrefois quand nos voix s'y mêlaient. Quand je serai morte tu sais non je ne veux pas chut écoute quand je serai morte je veux que tu danses pour moi arrête je veux pas je ne veux plus écouter chut tu danseras dans l'église sur ma tombe ou je ne sais même pas où ni comment on enterre ou on brûle mais promets tu danseras comme ta gitane, tu sais la libellule, je ravale un sanglot comme un mollard je dis oui sans savoir en envoyant une gifle elle sourit avec sur sa peau blanche la trace rose de mes doigts je voudrais

Crier
M'échapper
Étranglée
Je sais que les yeux nous déchirent comme de vieilles cartes postales, nous ne sommes plus que de jolis cartons décorés déchirés en tas dans une corbeille à papiers et je veux mordre sa chair tellement je l'aime dans sa mort que je voudrais vomir. Je ne sais plus et les coups sont l'expression.
On m'agrippe, on me tire on me dit de la lâcher et je ris, c'est l'explosion endorphinique la libération ultime.
Les plus grands poètes sont des musiciens, je vous le dis, à vous, les raveurs, les gobeurs d'infini, je m'épuise puisque personne n'écoute puisque je suis la folle qu'on expulse, qu'on reconduit vers la sortie gentiment, je les vois de loin qui rassurent ma princesse qui me regarde terrorisée, je ne sais même plus, dans ma douleur si c'est de moi ou bien d'eux. Ça sent l'eau de Javel croupie dans mes narines, c'est le Dakin Cooper stabilisé ou quelque chose qui y ressemble, je voudrais lui mentir lui faire croire que j'ai le sida mais je dois être en plein rêve en hallucination, on me dit de me calmer que les secours arrivent, je ne savais pas qu'il y avait une infirmerie en rave party non je délire, c'est le coma ouateux le sang coagulé de ma princesse qui brouille mon regard je ne sais je désespère je suis par terre en boule à hurler son nom qu'elle me serre qu'elle m'achève de ses yeux un regard sa peau ses bras troués comme un christ évidé évident dévidé dérivé ma diva dévissée divine délurée ma princesse échappée
Je
Sombre

* * * * *

On passe son temps à chercher, le Temps qui grignote qui déchire, c'est le frisson du non-dit, au creux des racines, sous la mousse la perle humide du temps défait. Tout se dé-soude.

Tout se morcelle, c'est la schizophrénie du Temps, le miasme dérélictaire, et on en rit à pleine goulée puisqu'il n'y a plus que la tuerie des odeurs de printemps, les saucisses grillées des barbecues heureux, la bidoche qui crame comme on dit un je t'aime. Et surtout envers et contre coups, le corps qui se vide au soleil.

*****

J'ai rêvé que tu avais décroché le texte que j'avais scotché sur la porte. Après me l'avoir montré, tu riais en le piétinant. J'étais peinée et impuissante.
Il ne me reste même plus l'odeur de ton corps pour me ramener à ton monde. Je ne suis plus qu'un ectoplasme ivre qui trébuche sur des mottes de néant. Je ne sais même plus si je pourrais pleurer hors de toi de ta voix qui couarde ou s'évase en mélodie selon mon visage. J'ai le cœur qui compresse hors du chemin.
La terre battue des morts.
Hors de ta peau
Hors de tes mots
Je me rendors.

*****

Il y a des gens qui hurlent dans la rue, c'est l'euphorie oisive des nuits de carnaval, les flambeaux, les robes à paillettes, les bouteilles, c'est la récréation du peuple. Je dis à ma princesse savais-tu ma belle qu'autrefois le carnaval, fête de l'envers, était maintenu malgré les interdictions de l'Église pour éviter que les esclaves et le peuple ne se soulèvent ? En permettant pour un jour par an le renversement social, on maintenait le peuple à sa place, tu ne trouves pas ça d'un comique tiraillant ? Elle me dit qu'abandonner sa liberté pour vingt-quatre heures c'est con. Je me dis qu'elle a raison. On n'en est pas si loin sous les strass.
Après, tout est question d'intention n'est-ce pas. Fait-on gagner

au Loto pour que le peuple ne jalouse pas les privilégiés. La téléréalité est-elle là pour faire vivre le peuple ou bien le calmer en faisant croire, laissant l'espoir que le monde de craque-sa-thune des stars de télé ciné show-biz et chow-chow peut être accessible. Oui c'est niais, c'est évident, c'est enfantin c'est juste pour détourner mes yeux des Brésiliennes en résilles et plumes folles, c'est pour trouver une excuse au fait que je m'emmerde parmi les rires les trompettes les danses l'ivresse. J'ai envie de me serrer sur une plage, à l'abri du monde, contre ma femme qui chanterait comme la Terre est ronde et à qui je répondrais en sanglots étouffés laisse ta main sur ma peau, ton cœur comme un oreiller sous les mots fous les baisers sous les frissons les fourmillements de nos joues quand nos doigts jouent à faire semblant. Mais ce n'est pas le choix d'Ibiza, car elle veut danser la belle île, la siliceuse ville, il y a des couinements dans sa folie, des strings roses entre les fesses et des sourires entre les strings, des hommes déguisés en cochon, des femmes sur plate-forme décorées, des farandoles de cris allumés comme des guirlandes d'un Noël pré-apocalyptique, il y a des peaux lisses et huilées, des piercings à cent euros, des tatouages à bien plus cher, des touristes sacs bananes et surtout ma princesse qui traîne son regard les yeux mi-clos, je la sens vide, égarée, elle qui serre mon bras, que j'imagine en train de jouir, son visage qui s'empourpre, ses yeux qui glissent vers le haut quand elle m'empoigne pour me dire continue, ou arrête, je ne sais même pas tant elle me serre fort, quand elle hoquète, quand elle se jette dans mes bras et que je tremble de la voir pleurer ou s'évanouir sur mes hanches ma poupée de cire blanche. Je serre son corps dans mes larmes contre lesquelles je ne peux rien car chaque rire chaque soupir chacun de ses souffles est un rappel de sa mort qui la tire hors de moi, je la serre si fort contre mon corps que sa peau blanchit puis s'évase en rouge vif, je comprime l'épiderme et la chair, je suce

mords lèche aspire tète j'ai comme l'envie brutale
De la déchirer
La manger.

*****

Nous sommes sur le sable sale de la plage, au milieu des seringues des cadavres de bouteilles des sacs en plastique des bidons des pneus, c'est le décor humain, sympa la déco, te moque pas c'est postmoderne. Sublime.
On déchire nos sandwichs en carnassières délurées, ça coule la sauce sur le menton, sur les doigts, elle me lèche en disant qu'elle préfère la mayo au ketchup, et j'ai le souvenir de sa langue sur mon clito, quand elle me le tète et qu'entre les mains je serre ses cheveux si fort que j'ai toujours peur de les arracher totalement. Tout vire au cul. Nous devenons vulgaires. C'est l'approche de la fin. Elle me dit. Il ne reste plus rien, nos corps vont s'évanouir, on va s'éparpiller en fumée en cendres en tas de merde en décomposition, on sera aussi vilaines que les bidons dans l'eau claire alors c'est normal qu'on aie envie de baiser. Je ne suis même pas sûre d'être d'accord mais elle secoue doucement les hanches en tirant la langue et je sais qu'elle a raison, je me jette sur elle et nous roulons jusqu'à l'eau. Je sens une piqûre au mollet droit. Je fais comme si je n'avais pas compris mais j'ai bien remarqué la perle de sang et la seringue usagée.
Nous sommes sur un rocher à regarder la pluie qui tombe sur la mer, sous la ouate lourde imbibée de ciel gris. L'eau sur les roches crépite, et les bateaux clapotent sous le roulis, ça claque en cliquetis léger dans l'air serré de pluie, ça sent la terre les embruns, on respire à pleine goulée de sel et d'algues, et c'est si beau qu'on ne trouve que ce mot. Elle pose sa tête sur mon épaule.
Le

Temps

S'arrête.

Enfin.

* * * * *

…

* * * * *

J'ai de la cendre entre les doigts. Je glisse les phalanges et les paumes, et quand je ferme les paupières, je pourrais croire que c'est de l'huile. Je glisse les doigts sur les joues, la courbe du menton trempé salé, je glisse les doigts sur la gorge, c'est gras humide poisseux et ça pue le soleil et le sable sur la peau, l'odeur acide feutrée terne et boisée de la cendre. J'ai soufflé dans le vase pour voir la poussière voler, glisser sur mon visage, j'ai suivi ces papillons de poussière qui volaient dans les rayons de lumière, avec comme des crépitements poudreux dans le bleu tranché du ciel. Je pointe les pieds un à un, le dos courbé, je me redresse, étire le corps sur le côté, la tête goulue de ciel, ivresse envolée sous les larmes, je pleure en riant tout à la fois pour ne pas savoir ressentir, le trait tiré des sentiments la solitude hurlante, l'abandon de son corps et ses yeux grands ouverts. Elle m'avait acheté un nounours, peluche câline et molle – pour la serrer entre tes bras ma chérie, quand je ne serai plus là. Je ne voulais pas entendre j'ai jeté la peluche dans un coin en lui sautant dessus. Nous avons ri en tombant sans plus penser à rien. Mais.

Là, maintenant, je ne sais rien, hormis un vide immense, absurde, débile, indélébile. Hébétée sur le temps qui s'écoule au tic-tac résonnant, je ne sais plus.

Là, maintenant, il y a le soleil qui brûle les tempes le temps et ça me siffle dans le crâne fort tellement fort que les douleurs cessent.

Là, tout de suite, je laisse seulement tomber le vase dans l'herbe.

Je ne vois pas ce que je pourrais faire d'autre. Sans trop savoir pourquoi, j'ai l'envie cuisante de jouer au foot avec, je le tape doucement du pied, ça roule à peine, je recommence, et c'est beau les reflets de soleil sur le métal.

Puis l'étreinte de ma poitrine cède, et je ris, comme une démente, trempée, grise de cendres, grisée d'été, je commence à tourner courir stopper tourner autour du vase en feintant, je drible me faufile, je vais placer mon but et dégommer Barthez, c'est décidé, je troquerai moi aussi mon maillot trempé à la fin du match, je suis folle dans la pelouse à chuter en riant dans mes larmes, en hurlant « Buuut », quand ma femme est morte étalée sous ma course, plaquée sur mon visage en voile gris, mais si ma folie chute je ne suis plus

Qu'un brin d'herbe écrasé.

Mais.

Là, maintenant, je suis seule, et pourtant, pas tout à fait puisque le temps est encore resserré autour d'elle.

Tout de suite, je suis allongée dans l'herbe et je ne pose plus les mots, je les gicle comme ils viennent puisqu'il n'y a plus d'oreilles, puisque ses yeux éteints, puisque je n'aurai plus sa chair dans la bouche.

Je sens l'étendue
De l'univers
Hors d'elle.

* * * * *

Dis-moi s'il te plaît pourquoi tu m'as laissée si seule. Dis-moi à quoi sert ce que nous avons vécu puisque je n'ai le souvenir de rien, puisque ton corps maltraité, puisque le blanc vert de ta mort a effacé le reste. Dis-moi maintenant à quoi me sert – puisque je connais l'issue. Je me dépouille de ma coque naïve. Je me sens comme une banane ramollie et pelée. Je me sens comme une prune desséchée, un vieux steak périmé dans un sac transparent qui brunit sous le sang. Je ne sais même plus quoi faire, puisque je n'ai plus rien à sauver ni espérer rien à attendre puisque tout derrière, puisque tout est échu, ma princesse dis-moi ce qu'il me reste à croire. Sans toi.

* * * * *

Je suis assise sur la falaise avec l'envie de croire que tu m'entends, j'ai ton sourire encore humide contre mon cœur, le roulement des heures sur ton corps qui rebonds qui ressorts je palpite contre le vent avec dans ma main une autre main que la tienne. Je t'ai remplacée si vite, ma chérie.

Ce soir nous allons danser dans le noir, l'after est sur la plage, le roulement des vagues, le sable entre les orteils et le corps épuisé qui s'agite trop près des embruns, trop près des remous, l'eau, le grand vide, immense, le plein vivant, notre univers en quelque sorte. J'entends parfois des mots.

Je sais qu'on me reproche, mais personne ne sait le fond de la nuit sous mes draps quand j'essaie en hurlant, à pleine goulée d'air et d'oreiller d'oublier ton odeur qui me tourne la tête au point de m'évanouir. La nouvelle main se pose sur moi alors que je tremble et je m'apaise mais c'est pour sombrer dans un vide habité où l'étendue infinie se comble de tes chuchotements. Et ça m'enveloppe, ces chuchotis qui tournoient comme des papillons fous affolés effrayés filants. Et ton étoile.

Mais de la falaise, je ne vois que l'océan. Les étoiles de soleil sur la surface de l'eau. Tout est rose comme ta chair.

Cette nuit j'ai entendu ta voix qui chuchotait dans l'ascenseur noir bloqué au sous sol « *elle monte* » et je l'entends encore.

Je n'ai jamais connu de pire

Terreur.

* * * * *

Derrière les crissements, les sons mentaux, les anciennes tribus de spirales, le chaos, ça grise les neurones, ça gicle, et l'on comprend pourquoi, dans l'obscurité, au creux des bois, tant de corps sont secoués. On devrait croire que ça respire l'oubli puisque rien n'attend devant, puisque nous sommes encore de tout petits enfants qui réalisent qu'ils sont de trop, puisque le monde est repoussant, puisqu'on leur répète depuis le berceau, puisqu'on leur présente l'horreur, puisque pourquoi avancer quand ce qu'il y a devant repousse ?

Entre les corps affalés, les feux de bois, il y a un enfant égaré et on lit dans ses prunelles.

J'ai vu le monde des grands. Il y a du sang, là-bas, de la colère, car tout y est brouillé, avec chacun cloisonné, emprisonné à l'intérieur de ses pensés. Tout est si compliqué qu'on doit se battre, monter des dossiers pour prouver qu'on existe, et il faut tuer, pour de la place ; c'est qu'ils sont si nombreux les adultes qu'il n'y a plus de place pour chacun, on s'entretue pour ça, et ça ne résout pas le problème. On est éduqués par des adultes larmoyants blasés déçus perturbés déchirés malhonnêtes et serviles dans un monde trop malsain alors dites-moi comment

Dites-moi comment vouloir

Grandir.

Moi, j'ai rêvé d'un monde où nos vies s'appartiennent, où l'on peut jouir du soleil. Je me suis enfermé aussi, mais écoute-moi, puisque je ne peux plus sortir,   essaie,   juste un instant

De rentrer vers moi.

Et l'enfant danse, et ce n'est pas un enfant, on commence à le savoir quand il s'élance,

Et il sourit,   car ici,

on garde un cœur

D'ange et

De paradis.

*****

Tout devrait se clore maintenant, puisque ma peau est encore fraîche bien qu'hors de ta salive. Je crois que je devrais te dédier ce texte, où tu n'auras été qu'un fantôme incohérent, une danse à mourir, car j'ai voulu écrire le plat, j'ai voulu nier l'émotion, je ne voulais pas pleurer, tant de fois mon clavier mouillé, je voulais dire le plat, la plaine immense des songes creux.

* * * * *

Je suis retournée dans les champs. J'ai enlevé mes baskets, et dénoué mes dreads, comme j'ai pu, j'ai porté une robe blanche sur laquelle j'ai accroché des fleurs. J'ai marché pieds nus dans l'herbe, avec un voile qui glissait parfois entre mes mollets. Je me souviens du soleil. Quelques raveurs ont souri, et ont dansé autour de moi, je les ai laissés faire en riant. L'un d'eux a cueilli une marguerite qu'il a accroché dans mes cheveux, sur fond de jungle break-beat, raggatek core, j'ai fait le MC tribal en danse indigène sous robe blanche. Nous sommes six, ils ont enlevé leurs chaussures avec moi, nous piétinons l'herbe et les fleurs, sous des flots d'alcool fort. Je me souviens de la jeune fille et de sa parka brune qui portait autrefois sa fleur de plastique sur l'oreille. Mais je ne veux pas pleurer puisque tout renaît à mesure qu'on refuse de vieillir.
Nous resterons enfants inconscients prêts à mourir, nous serons des enfants dans nos morts délétères. Nous sommes des enfants morts dans un grand champ de fleurs
Et c'est si beau.

* * * * *

Nous recréons la pureté.

* * * * *

Je veux revivre le son pur, hors des drogues, de la violence, du sexe, de la mort, je ne veux plus happer de princesse, je connais les déchetteries. Un homme me tient la main pendant que j'essaie de revivre. Nous sommes amis et je réapprends à vivre hors d'elle. Nous courons avec les autres, des oranges dans les mains, en chantant *Valencia*, car je suis une fille étrange.

Au loin, une jeune fille brune, deux couettes sucette ronde, une large fleur entre les dents me regarde en souriant. Je recrache la fumée, je retiens sous la langue, et m'enfuis hors de son sourire qui me nargue car il sait que je ne partirai jamais
Trop loin pour elle.

* * * * *

Il n'y a pas d'épilogue. Juste la boucle étrange des sons qui vrillent, la lobotomie mixée, la ficelle, ligne creuse entre la pureté et la mort. Nous sommes sur la tangente à osciller entre idéaux et destruction. Dans cet entre-deux nous sommes surpuissants, des médiums visionnaires, avec la peau d'un nourrisson, nous sommes plus fragiles que la chair molle des fleurs, des papillons sur un soleil
Des jeunes
Perdus.
Qui se serrent dans la poussière.
Heureusement que le vrombissement du son, les ronflements des moteurs des camions suspendent le vol des mots, les pensées qui s'enroulent. Tout repart. Et je danse, dans la pénombre, avec une jeune fille derrière moi. Sa main se pose sur mon épaule. Je ne tourne pas la tête mais je ne la repousse pas.
L'une derrière l'autre, nous dansons en souriant.

* * * * *

J'entends chuchoter encore.
Nous serons des enfants dans nos morts délétères.
Inconscients. Nous sommes des enfants morts dans un grand champ de fleurs.

* * * * *

Vomir ses ovaires au gros sanglot des cieux c'est jaillir vers le monde, ma Victoria.

* * * * *

J'ai le cœur en mal de mère, de brise amère en mal-douleur, j'ai peur d'une heure en éphémère tournaison. Comme un frisson sur une mer.

* * * * *

Je saisirai tes mots à la pointe, comme un fuseau contre la lampe.

Éméchée d'une virgule ou d'un point, je suivrai tes langueurs sur le rose de tes mots, ma Miss la douce dont le déni ne daigne pas bercer mes nuits et le délit serait d'élire contre son cœur des mots d'une toute autre couleur que la mienne et la sienne. Et toi, dont les trois points sont un ruisseau où il me semble enfin comprendre le long silence qui suit les mots, parlant de nuit, de cris d'oiseaux et de ma Miss belle de nu, en boomerang acéré sur ma nuque tendue, comme un éclat de flûte aux tympans traversés.
Je reste, j'aspire goulûment la rondeur des buissons de brouillards et quand le noir s'évase en invasion de flammes j'aspire à Sion, vestige perdu d'un rêve ébréché. Toi.

* * * * *

Ça sent la pêche, la vanille dans la ouateur du son qui rampe et s'enfle, ça sinue sous les tempes et rougeoie, on gonfle le sang d'un bond de son reçu. L'heure du loup glisse vers le craqué de peau, on erre en serrant les lèvres tant le cœur se noie. On bondit sur les masses l'ovation la claque le roulement grondé du son qui part, on ferme les yeux, on glisse vers. Main dans la main, en solitaires, on rêve en pureté.
Sous les frissons.

Toi.

ET.

* * * * *

Tout se re-crée

En musique.

C'est dans la tête

Silvie Brouillette

J'avais passé une fin de session monstrueuse. Après avoir fait mon *coming out* à mes parents, je m'étais entichée de Marie-Lise, une fille de mon cours d'expression corporelle. Je ne lui avais fait aucune déclaration mais mon comportement bizarre pendant les exercices d'équipe m'avait trahie. Elle avait demandé à changer de partenaire et m'évitait autant qu'elle le pouvait. Mes parents ne comprenaient vraiment pas ma « décision ». En effet, comment leur petite Jeanne qui n'avait jamais même fréquenté un garçon pouvait-elle être lesbienne, se demandait mon père. À cela, j'avais répondu qu'il ferait bien, lui aussi, d'essayer avec un homme juste pour être sûr. Ça n'avait pas arrangé mon cas.
Heureusement, les filles moches aussi ont le droit de voyager. À la fin des classes, j'avais reçu l'invitation de Julie, une amie d'enfance. Elle habitait désormais Paris avec son père diplomate. Notre correspondance avait confirmé mes doutes sur son orientation sexuelle en même temps qu'elle m'avait rendue verte de jalousie. Ici, m'écrivait-elle, les filles sont un peu timbrées. Elles sont toutes hétéros sur papier mais dès que leur mec a le dos tourné, elles te sautent dessus à pleine bouche. Pour moi qui avais appris à me toucher grâce à Bernadette Lafont, l'occasion était trop belle. J'allais enfin voir si les Européennes avaient autant de charme que dans les

drames de mœurs que j'écoutais en cachette. Il me restait à peine un mois pour économiser le billet d'avion et perdre dix kilos.

Mon temps partiel au dépanneur[1] du coin ne suffisait pas. Je n'avais réussi à amasser qu'un maigre trois cents dollars. Niveau perte de poids, ce n'était pas plus reluisant même avec mon nouveau régime extrême. La nuit je rêvais de filles nues avec un accent français, enrobées dans du bacon ; ou à Marie-Lise qui m'invitait à dîner aux chandelles à la cabane à sucre[2]. Avec les chips et le chocolat sous mon nez en permanence, j'ai évidemment flanché. Je commençais à me faire à l'idée d'un été climatisé, au fond du dépanneur Chez Claude. Heureusement, mes parents ont eu pitié de moi. Ma mère, se rappelant avec nostalgie son voyage de jeunesse en Europe, s'est mise à voir des vertus thérapeutiques dans ce projet. Ils m'ont finalement offert le billet. À deux semaines du départ, j'avais pris cinq kilos.

En me déposant à l'aéroport, ils avaient l'air émus. Mon père m'a caressé les cheveux puis il a dit : « Tu vas voir, ton amie Julie va te présenter plein de beaux p'tits Français. Avertis-nous avant d'en ramener un ! » Je n'avais pas envie qu'on se quitte sur une fausse note alors j'ai essayé de sourire. Plus sérieuse, ma mère s'est contentée des conseils de prudence habituels mais à la dernière seconde elle m'a sauté au cou :

– J'ai laissé un petit quelque chose dans ta valise. Ça te va bien ma pitoune[3] d'avoir maigri !

Je m'étais préparé une compilation de musique française pour me mettre dans l'ambiance pendant le vol. Le vin aidant, je n'ai pu m'empêcher de chanter avec Jeanne Moreau qu'« elle avait des ba-a-gues à cha-a-que doigt ». Je croyais fredonner mais mon voisin m'a confié que je faisais une belle interprétation de sa chanson préférée. Quand Stéphanie de Monaco a entonné *Flash*, je me suis retenue pour qu'aucun son ne filtre.

Dans ma tête par contre, je criais à tout rompre : « Ça passe ou ça casse ! »

* * * * *

À l'arrivée, Julie m'attendait avec son père. Malgré la fatigue, j'étais très nerveuse de la revoir après ces cinq années. Elle, par contre, ne donnait pas cette impression. Après les présentations d'usage avec son père très pris par son portable, elle m'a arraché mon Discman. « Ouah ! Craignos, ta musique ! », m'a-t-elle lancé en riant. Puis elle a ajouté qu'à partir d'ici, terminé Joe Dassin ; on allait franchement s'éclater. Elle avait au programme des invitations pour nos deux semaines à venir. La première soirée annonçait un lancement de disque « électro-clashstick-lesbien ». Ce fut aussi, pour ma part, le lancement officiel d'un long fiasco.
J'avais l'impression d'être une bête de cirque ; un orang-outan de la campagne profonde qui parle un patois aussi incompréhensible qu'inimitable, quoi qu'on s'y essayât beaucoup. Et chaque fois, on s'étonnait que Julie ait pu un jour parler l'orang-outanais. C'était tout de même incroyable, moi qui étais la spécialiste des accents de tout acabit, en plus d'être une improvisatrice accomplie, j'avais la bouche toute molle. Même pas capable de reproduire mon propre accent de Montréal-Nord. Le groupe déchaîné chantait dans un anglais indéchiffrable mais tout le monde avait l'air de trouver ça normal. C'était moi l'anormale dans la robe surprise que ma mère avait glissée dans ma valise. Une vraie plante grasse dans sa jardinière en macramé. À quoi avait-elle pensé en l'achetant ? Et moi, pourquoi avais-je tenu à la porter ? La vie est pleine de mystères. Comme cette fille avec un tee-shirt de Boy George qui m'avait souri et qui discutait maintenant avec Julie. La soirée a suivi son cours comme un film d'horreur et

je n'ai pas su son nom. Demain nous allons à la Cantine, elle y sera peut-être.
Elle n'y était pas. Toutes les autres copines de Julie y étaient par contre. Celles qui me trouvent « trop marrante » quand je parle ; celles qui ne disent rien mais qui observent dans des poses de danseuse moderne au repos. On ne peut pas le leur reprocher, c'est ce qu'elles font. Elles étudient la danse avec Julie. Évidemment, j'ai encore trop bu et mon amie a dû écourter sa soirée pour me ramener. Dans la voiture, j'attendais qu'elle vide son sac. Ça sautait aux yeux qu'elle était contrariée.
– Me sors pas ton baratin de décalage horaire parce que maintenant, c'est bon, ça fait trois jours. J'comprends pas que tu tiennes si peu l'alcool avec ton gabarit. On ne vous apprend pas à boire au Québec ?
Et là, j'ai littéralement explosé.
– Écoute, là, fausse petite Parisienne en stuc ! Je suis plus qu'en décalage horaire, je suis en choc toxique… *ouans*, parce que ma meilleure amie d'enfance avec qui j'ai fait la promesse de l'amitié chez les scouts, elle est devenue une espèce de branchouille prétentieuse qui me plante dans un coin pour pouvoir aller cruiser[4]. En plus, c'est vrai que je tolère mal l'alcool parce que j'ai du sang inuit dans mon sang !
– Je ne savais pas.
– Quoi, que j'avais du sang inuit ?
– Non, que j'étais un choc toxique.
– Bof, j'dirais plus culturel.
– Ouais, c'est vrai que je n'ai pas été très cool ce soir. Je te referai plus le coup. Pour me faire pardonner, je te donne mon badge de chef Jeannette.
– Tu l'as gardé ?
– Il trône au-dessus de mon lit.
– Grosse quétaine[5] !

– Tu vois que j'ne suis pas si branchouille !
Ce soir-là, après que j'ai été malade d'alcool, on a parlé très longtemps. Depuis qu'elle suivait son père, Julie avait vécu un peu partout en ayant toujours le mal du pays. C'était seulement depuis qu'elle s'était mise à la danse ici qu'elle se sentait chez elle. À mon tour, j'ai parlé de mes études de théâtre que j'adorais, et de Marie-Lise avec qui j'avais eu moins de succès. Bien sûr, on a aussi fait le tour de la réaction de mes parents. Julie pensait qu'il fallait leur laisser du temps. Comme son père, ils s'y feraient. Moi par contre, je devais me dépêcher.
– Il faut qu'on te trouve une copine… et même une ex. Une lesbienne sans ex, ce n'est pas une vraie lesbienne.
Ça rejoignait un peu le discours de mon père. Je n'étais pas rassurée.
Julie trouvait que la robe de macramé était à proscrire. J'étais d'accord mais j'étais aussi cassée comme un clou[6]. On a fait les magasins toute la journée car elle tenait absolument à m'offrir l'ensemble qui allait me faire rencontrer mon ex. Je voulais bien mais les chandails bedaine[7], très peu pour moi.
– T'as rien compris ma belle Jeannette ! Je ne te parle pas de mauvais goût. Le nombril doit se voir tout le temps, même sans le montrer, il doit exulter. C'est ça, le sex-appeal.
J'ai repensé à la fille du concert. Même dans son grand tee-shirt de Boy George, c'est vrai que j'avais eu l'impression de voir son nombril. Elle a enchaîné :
– La pensée crée. Le nombril doit être dans ta tête pour que les autres le voient. C'est très cérébral le désir finalement…
– Ça va, j'ai compris, coupai-je en enfilant une chemise qui me donnait des airs de Dolly Parton.
Il y a bien plus qu'un océan qui me sépare de ces filles. Même en grattant la couche d'insécurité qui me paralyse, je ne pourrais pas les rejoindre. Il resterait la couche de l'inexpérience, la couche du langage, et la dernière, mais non la moindre, la

couche de graisse. Trop de strates pour une fille qui se ronge les ongles. Autant continuer à triper[8] sur une hétéro et boire de la tequila, c'est ce que je me disais, soudée au bar depuis une heure. La bière était chère et pas très bonne, c'est pourquoi je m'étais mise à l'alcool fort. Les filles montraient leurs chairs menues qu'elles s'entre-frôlaient généreusement. Puis j'ai aperçu ma fan de Boy George. Elle s'est approchée et Julie nous a enfin présentées.

– Tiens, Margot, c'est ma copine Jeanne avec qui j'étais chez les scouts ; la fana de Joe Dassin, tu vois ?

Margot a ri, m'a serré la main gentiment et s'est élancée vers une chevelure défiant les lois de la gravité. J'étais à une gorgée d'assassiner Julie.

– Belle entrée en matière. À quoi tu pensais coudonc[9] ?

– Relaaaxeeuh ! Elle aussi elle adore Joe. Faut te calmer.

– Ben oui, c'est ça !, fis-je, en empoignant mon sac pour aller à la salle de bain.

J'avais de plus en plus mal à l'estomac. Les murs des toilettes étaient tapissés de graffitis, érotiques pour la plupart. Sauf un qui disait : « Si j'étais moins moche, tu me verrais peut-être. » J'ai vomi, me suis brossé les dents puis j'ai sorti mon marqueur pour faire un haïku :

> C'est presque l'été indien,
> J'ai presque un nombril dans la tête,
> Et ça ne change rien.

Je me suis excusée auprès de Julie d'avoir été un peu raide et je suis retournée à l'appartement toute seule. J'ai pleuré pendant toute la soirée, puis à l'aube, je me suis rendue au jardin du Luxembourg. L'herbe m'a semblé plus verte qu'à Montréal. Les passants endormis me souriaient. Après tout, elle aimait peut-être réellement Joe Dassin.

Julie me supplia de l'accompagner dans une fête chez des amies le lendemain. Elle jurait de ne pas me quitter d'une semelle et de ne jamais plus mentionner mes goûts musicaux. Mon « oui » plein d'entrain la surprit. Encore davantage le fait que j'ajoute en bombant la poitrine : « Tu peux faire ce que tu veux. Moi, j'ai mon plan. » Pour cette soirée, j'allais m'en tenir à l'eau minérale afin de garder toute ma lucidité. J'avais bien l'intention de me servir de cette confiance fraîchement cueillie dans le célèbre jardin.

* * * * *

À l'intérieur, c'était noir comme dans un cercueil. Julie trouvait ça parfait pour une timide comme moi. J'étais un peu déçue. La chemise bleu pastel qui faisait ressortir mes yeux ne servait plus à rien. Dans ma stratégie « longue discussion avec Margot », mes yeux étaient mon principal atout. J'essayais de me calmer en me répétant que « le pastel, c'est dans la tête », quand elle est arrivée derrière nous. Elle m'a embrassée et a tout de suite entraîné Julie pour lui montrer quelque chose. Ça commençait plutôt mal. Ensuite, il y a bien eu l'hôtesse qui m'a proposé quelque chose à boire mais ça a coupé court dès que je lui ai montré mon Perrier.

Comme les filles ne revenaient pas, je décidai de partir à leur recherche dans l'appartement labyrinthique. Au bout du couloir, je croisai Sandrine, la copine danseuse de Julie, qui me pointa une porte du menton. Je la poussai pour découvrir ce qui semblait être un débarras, au milieu duquel deux corps parfaits s'étreignaient à moitié nus.

Leurs poitrines, leurs langues qui se touchaient, me faisaient un drôle d'effet. J'avais les jambes comme des spaghettis trop cuits. Margot, extrêmement mal à l'aise, tenta de se rhabiller en vitesse. J'ai dit : « Non, non, restez là. Moi j'ai ben du fun ! Je voulais juste emprunter une cigarette à Julie. » Ridicule, j'allais me mettre à fumer maintenant ! Elle a tâté son jean

et m'a allumé un modèle *king-size* avant de me le donner. « À plus tard ; la cigarette, c'est pas pour moi. J'ai rencontré quelqu'un », ai-je lancé, en emportant mon butin.
Dans la grande pièce, une douzaine de personnes dansaient sur les rythmes de *L'Avventura*. J'étais prise avec ma « clope » que je ne savais pas tenir mais c'était plus fort que moi, mon bassin suivait le tempo. Je repensais à la scène absurde qui venait de se produire et étrangement, je n'éprouvais aucune colère envers Julie. Après tout, je ne lui avais jamais confié mon kick[10] sur Margot. Par contre, c'était stupide d'avoir dit ça. Qu'allais-je devoir inventer maintenant pour expliquer la disparition de ma future ex-blonde[11] fictive. Une jeune fille aux cheveux ébouriffés interrompit mon cas de conscience pour me demander une cigarette.
– Tu peux prendre celle-là si tu veux. Je ne fume pas d'habitude.
Elle me regarda étrangement.
– On pourrait peut-être danser maintenant. Si tu ne danses pas d'habitude ?
Elle m'entraîna sans attendre ma réponse. La musique est demeurée latine et séduisante comme ma partenaire. Après un troisième morceau plus enlevant, qui nous laissa en sueur, je lui proposai d'aller prendre une marche[12].
– J'accepte, dit-elle, même si je n'ai aucune idée de ce que tu veux dire.
Dans la lumière embuée de la rue elle posa sa main sur mon cou.
– T'as un joli accent. Je peux y goûter ? fit-elle, sans attendre ma réponse.

Notes

1. Épicerie de quartier.
2. Salle de réception traditionnelle, généralement en forêt, où l'on sert des produits de l'érable.
3. Ma chérie, mon ange.
4. Draguer.
5. Ringarde.
6. Fauchée comme les blés.
7. Haut sexy qui laisse le nombril a découvert.
8. Être plus ou moins épris de quelqu'un.
9. Interjection synonyme d'« à la fin, m'enfin ».
10. Béguin.
11. Petite amie.
12. Faire une promenade.

Pour toujours

Carole Armesto

Cette nuit encore je n'ai pas trouvé le sommeil. Ça fait une semaine que je ne dors plus. Tout a commencé il y a quatre ans, je l'ai croisée pour la première fois sur le palier de notre immeuble. Elle emménageait dans l'appartement d'à côté, au cinquième étage, pour être précise.

– Vous avez besoin d'aide ?

Nos regards ne se sont pas quittés pendant quelques minutes.

– C'est pas de refus... Je m'appelle Marc... et ma petite sœur Valérie – Val pour les amis – ne dirait pas non. C'est gentil, merci... ?

– Cathy.

Et il fit un clin d'œil à Val puisque tel était son nom. Il nous fallut une heure pour tout monter dans son appart. Quand tout fut terminé, je leur proposai de venir boire quelque chose chez moi.

– Désolé les filles ! Je dois rejoindre ma moitié. À plus sœurette... merci à toi Cathy.

– De rien... tu viens boire un truc Val ?

– OK ! Je meurs de soif.

Nous avions bien parlé et fait un peu connaissance en montant les affaires de Val dans l'appartement.

– Fais comme chez toi. Si tu as besoin d'un truc qui te manque tu viens sonner, OK ?

– Merci.
– Tu veux boire quoi ?
– Une bière. J'ai vraiment très chaud...
– OK, alors deux bières.
Je sortis deux verres et les bières du frigo. Quand je me retournai, je remarquai le haut de sa chemise plus ouvert que tout à l'heure... ce qui n'était pas désagréable à regarder.
Je ne sais pas si elle a remarqué mon manège mais elle s'est levée pour s'asseoir près de moi.
– Tu habites ici depuis longtemps ?
– Deux ans. J'adore cette ville... Montbéliard est vraiment un endroit que j'aime. Je te ferai visiter si tu veux ?
– Oui, j'apprécierais beaucoup.
– OK, tu me dis quand tu es libre... Moi je suis en vacances pour l'instant alors c'est quand tu veux.
– Je ne travaille pas avant un mois, si tu es libre demain on pourrait faire un tour ?
– C'est OK pour moi.
– Tu travailles dans quoi Cathy ?
– Je suis photographe.
– Moi je suis décoratrice d'intérieur.
Je la regardai étonnée. Elle se mit à rire.
– On dirait pas, hein ?
– Non, vraiment pas !
Après s'être désaltérées, nous retournâmes dans son appart où je l'aidai à mettre un peu d'ordre dans ses affaires.
Comme on commençait à avoir faim, nous décidâmes de remettre à demain pour le reste. On avait bien avancé en tout cas.
– On mange ensemble ?
– Je ne veux pas abuser.
– Ne sois pas bête ! Allez viens, je vais te préparer un truc.
On retourna dans mon appart où je m'apprêtai à sortir du riz

quand Val me toucha le bras.
– Je suis crevée. Y'a pas un truc de restauration rapide ici ?
– Oui, il y a un truc à côté. Je t'apporte le papier.
Après avoir choisi et téléphoné, trente minutes plus tard je revenais avec notre repas. Je voyais Val de plus en plus crevée, avec son déménagement elle commençait à piquer du nez.
– Je crois que tu ferais bien d'aller te coucher ! Tu dors presque debout...
– Oui, c'est une bonne idée.
– On se voit demain matin ?
– Oui, je viendrai sonner.
Je la raccompagnai jusqu'à la porte et là, elle se retourna, se colla contre moi et elle m'embrassa au coin de la bouche, ce qui me plut beaucoup. Je m'aperçus qu'elle aussi avait une attirance pour moi et que donc tout était permis.
– À demain, Cathy.
– À demain.
Je refermai la porte, tournai le verrou et m'appuyai contre la porte avec un sourire béat sur les lèvres et ma main sur l'endroit qu'elle avait embrassé.
Je pris une douche et allai me coucher.

Le lendemain, la sonnette me réveilla. Il était dix heures, je devais être plus crevée que je ne pensais.
Je bondis du lit, je mis en quatrième vitesse mon kimono, en soie s'il vous plaît, et courus vers la porte pour ouvrir à Val. Je n'attendais personne d'autre.
– Désolée, je suis en retard, le réveil n'a pas sonné...
– Je peux repasser plus tard ?
Elle me regarda des pieds à la tête, l'air amusé.
– Non, entre ! Je vais me préparer.
Je fermai la porte, tournai le verrou. Quand je me retournai, Val était si près de moi que je me retrouvai dans ses bras, elle

me donna un baiser et posa une main sur mes fesses.

– Bien dormi ?

Et elle partit à la cuisine sans attendre de réponse.

– Tu as des céréales ?

– Oui.

Je sortis les bols, le lait, et Val avait sorti les céréales.

– Si on restait ici aujourd'hui, Cathy ?

– Heu oui, tu veux faire quoi ?

Elle s'approcha de moi.

– Ça.

Elle entrouvrit mon kimono, découvrit un de mes seins et lécha le téton, le mordilla. Je sentis un plaisir intense parcourir mon corps.

Je lui pris la main et l'entraînai vers la chambre. Là je passai une main sous son tee-shirt et le lui retirai. Ce que j'y découvris était magnifique. Je dégrafai son soutien-gorge… Je la trouvais tellement belle ! Ses seins pointaient déjà sous mes doigts.

Elle commença par enlever son jean et je découvris un string rouge… Elle me retira mon kimono ; comme je dormais nue, il n'y avait rien d'autre à retirer.

Elle finit de se dévêtir, s'allongea près de moi et me caressa avec douceur, m'effleura les seins, me mordillant les tétons pendant que ses doigts glissaient jusqu'a mon bas-ventre. Sa bouche prit le relais. Je sentis sa langue chaude et humide me lécher encore et encore. Mes mains dans ses cheveux, je sentis ses doigts entrer dans mon intimité et le plaisir que je ressentis me laissa épuisée sur l'oreiller.

Elle murmura à mon oreille.

– Tu as aimé ?

Pour toute réponse je lui donnai un baiser et pris les choses en mains. À mon tour je découvris son corps. Je le sentis sous ma bouche onduler, bouger et chercher mes doigts et ma bouche.

Elle poussa des cris de jouissance qu'elle ne chercha pas à dissimuler.
On passa le reste de la journée à manger et à faire l'amour. On ne mit pas le nez dehors, trop occupées à se toucher, s'embrasser et se caresser.
Vers dix-huit heures, on sonna à ma porte.
– Mince, Marc, je l'avais oublié.
– Marc...
– Oui, il devait passer aujourd'hui pour voir si tout allait bien.
Elle se leva d'un bon pour s'habiller et j'en fis autant.
– Dépêche-toi...
– Va ouvrir, Val, tu es déjà prête.
Elle partit ouvrir et j'entendis Marc.
– Tu as changé d'appart ?
J'arrivai comme il lui faisait un clin d'œil.
– Ben je vois que tout a l'air de se passer bien, sœurette !
Il avait un grand sourire qui disait qu'il avait tout compris.
J'avais essayé de me coiffer comme je pouvais mais ça ne devait pas être le top et Val avait elle aussi les cheveux en bataille.
Je lui proposai d'entrer et de boire quelque chose. Il accepta et prit un café, Val et moi de même.
– Je ne vais pas rester longtemps. C'est au sujet de ta voiture. Tu pourrais la prendre demain et venir manger à la maison. Vous êtes invitées.
– Heu, je ne veux pas m'imposer.
– Tu ne peux pas refuser. Tu nous as gentiment aidés hier et puis ma sœur a l'air de t'aimer beaucoup.
Et il lui fit un autre clin d'œil.
Il regarda sa montre et se leva d'un bond.
– Bon, faut que j'y retourne. Alors à demain onze heures ou plus tôt si vous voulez.
Il lui fit un bisou ainsi qu'à moi et partit aussi vite qu'il était

venu.

On passa la journée du lendemain à rire. Le frère de Val était vraiment un bon vivant et sa femme très gentille. On partit vers les quinze heures avec la voiture de Val que je proposai de mettre dans mon garage qui ne servait pas.
Mais avant de rentrer, on fit un tour en ville. On marcha dans les rues, on fit les magasins, on acheta des vêtements, des sacs, des trucs pour la voiture, des CD, des DVD. On fut obligé d'arrêter à la fermeture des grandes et petites surfaces. On n'en revenait pas de tout ce qu'on avait dépensé.
On décida de manger dans un resto pour finir notre journée. On rentra vers les dix heures. On monta tous nos achats dans mon appart. Je sortis une chemise que j'offris à Val. Elle lui a tellement plu que nous avons fait l'amour jusqu'à deux heures du matin.
À trois heures, Val me dit :
– Cathy ?
– Oui...
Elle se colla à moi, sa tête sur mon épaule.
– Tu crois au destin... que notre rencontre était inévitable ?
– Oui, je crois. Si ça s'est fait aussi vite, c'est que ça doit être comme ça... pourquoi ?
– Je crois...
– Oui, quoi ?
Elle se serra encore plus contre moi, et s'endormit.

Cela fait aujourd'hui un an et demi qu'on se connaît Val et moi. Le temps passe trop vite et ce ne fut en aucun cas une erreur de sortir aussi vite ensemble. La vie avec « ma femme », comme j'aime le dire en petit comité, c'est-à-dire en famille. J'ai été acceptée tout de suite par le frère de Val et par sa femme Julie... Les parents, ça a été plus froid au début mais

aujourd'hui, les choses ont évolué.
Val a déménagé ses affaires dans mon appart. On a vendu certains trucs dont on n'avait plus besoin pour faire de la place.
Val a aussi décoré l'appart. Je lui ai donné carte blanche et je ne le regrette pas. Quant à moi, j'ai pris des photos de Val nue ou habillée mais surtout des nus qu'elle adore regarder. Ce sont mes plus belles photos, comme elle me le dit souvent. Nos boulots nous prennent du temps mais on en trouve aussi pour nous. On part à la montagne où elle souhaitait me faire aimer le ski alors que je n'aime pas trop. Mais j'ai fait des efforts pour elle, et aujourd'hui je me débrouille assez bien. À la mer, là, je préfère... Aller dans des endroits discrets et se rouler dans le sable chaud et voir mon amour courir vers les vagues et revenir aussi vite en riant. J'ai des tas de photos superbes que Val adore montrer, enfin, certaines...
Nos dernières vacances ont eu lieu à la mer et Val était dans une forme incroyable. Elle voulait tout voir, acheter des souvenirs pour nous et sa famille, faire l'amour sur la plage ou même dans d'autres endroits comme un magasin ou un garage souterrain où on a failli se faire prendre plusieurs fois, mais c'était merveilleux.

Quand on reprit notre job, c'était assez dur de se quitter... Je lui promis de lui faire un excellent dîner pour le soir, rentrant plus tôt qu'elle, j'aurais le temps de nous faire un repas aux chandelles.
– Tu vas faire quoi ?
– Je ne te dis rien, c'est une surprise.
– Je t'aime Cathy...
– Je t'aime aussi, bébé, allez, faut y aller ou on va être en retard.
On se fit un dernier baiser et on sortit de l'appart.

Je rentrai à seize heures trente et à dix-huit heures tout était prêt. Elle avait un peu de retard et je commençais à me dire qu'elle était retenue à son travail quand on sonna à ma porte. C'était Marc, qui rentra l'air livide, ferma la porte et me dit qu'il valait mieux aller s'asseoir au salon.
– Que se passe-t-il ?
– Assieds-toi.
– Non, dis-moi ce qu'il y a ! C'est Val ?
J'avais l'impression d'être dans un corps inconnu et que je regardais sans pouvoir rien faire.
– Oui... elle a eu un accident de voiture.
– Dis-moi ce qu'il y a ! Comment est-elle ?
– Assieds-toi, s'il te plaît !
– Non, dis-moi, Marc !
– Val est dans le coma, ils pensent qu'elle ne passera pas la nuit.
– Non ! non ! ce n'est pas possible ! Pas elle... que s'est-il passé ?
– Un chauffard alcoolique l'a percutée de plein fouet. Il roulait du mauvais côté.
Je tremblais de la tête aux pieds. Impossible de me maîtriser.
– Amène-moi la voir.
– OK, viens.
On partit et le trajet jusqu'à l'hôpital me sembla durer des heures.
À notre arrivée Marc me dit :
– Laisse-moi parler, OK ? Tu vas la voir, Cathy...
Il prit mes mains glacées et me dit :
– Elle est forte. Elle va s'en sortir... Je me doute que tu dois penser que le monde s'écroule mais ma sœur va s'en sortir... OK ?
Comme un automate je répondis d'un signe de tête.
On entra dans l'hôpital. Marc demanda la chambre de Val.

Elle était au cinquième étage, chambre 409.
Quand je la vis, elle portait une minerve, un appareil pour surveiller son cœur à côté et un masque à oxygène la faisait respirer. Son visage était tellement tuméfié qu'elle était presque méconnaissable.
Je fondis en larmes. Marc me rattrapa, sinon je me serais écroulée, et il me fit asseoir sur une chaise à côté du lit de Val.
Je lui pris la main et lui dis que je l'aimais. Mes larmes coulaient sans vouloir se tarir... Au bout d'une heure, l'infirmière nous dit que les visites étaient terminées et qu'on devait partir.
– Cathy, faut y aller...
– Non, non je ne peux pas la quitter.
– Tu dois te reposer, allez, viens.
– Non, Marc, je ne peux pas la laisser seule ici, pas ma Val... tu comprends ?
Il sortit et revint cinq minutes plus tard.
– Tu peux rester jusqu'à demain matin. Mais promets-moi que tu retourneras chez toi pour manger et prendre une douche et moi je te promets de te ramener ensuite, OK ?
– OK... Merci, Marc.
Ce fut une des nuits les plus difficiles de ma vie : voir Val, ma femme, allongée là, entre la vie et la mort... Plus rien ne serait comme avant si je venais à la perdre.
Il y a eu plusieurs va-et-vient de médecins et d'infirmières. Ça se calma vers les quatre heures du matin, l'heure où je m'endormis la tête posée sur le lit et la main de Val dans la mienne.
Vers les six heures, il y eut une alerte qui me réveilla en sursaut. Son cœur venait de s'arrêter et les médecins et infirmières arrivaient en courant dans la chambre. Ils me poussèrent dehors et je restai là, perdue, la peur au ventre.
Quelques minutes plus tard, un médecin sortit et me dit :
– Il faut appeler M. Lévie le plus vite possible, nous devons

opérer sa sœur dans l'heure qui suit.
– Que se passe-t-il ?
– Elle fait une hémorragie interne.
La porte s'ouvrit et ils sortirent le lit de la chambre.
– Où l'emmenez-vous ?
– En salle d'opération... appelez son frère, je reviens dans dix minutes pour la réponse.
Et il partit en courant.

– Marc...
– Cathy, que se passe-t-il ?
– Tu dois venir... ils vont l'opérer ! Il faut que tu signes un truc je crois...
– J'arrive.
Il arriva quelques minutes avant le médecin. Il avait dû rouler comme un fou jusqu'ici.
Le médecin lui expliqua que Val était en très mauvaise condition, qu'elle ne supporterait sûrement pas l'opération vu l'état dans lequel elle était, mais le médecin lui conseilla de prendre le risque.
– OK, allez-y... et tenez-nous au courant !
– OK, je vous enverrai quelqu'un.

Deux heures plus tard, une infirmière vint nous voir.
– Comment va-t-elle ?
– L'opération s'est assez bien déroulée, votre sœur est en salle de réveil, vous ne pourrez la voir que dans quatre à cinq heures. Vous devriez rentrer et revenir plus tard.
– D'accord, merci.
Marc se tourna vers moi.
– Je te ramène chez toi ! Tu as l'air d'une morte vivante...
Il me regarda inquiet quand nous sommes entrés dans la voiture.

– Cathy, tu me fais peur...

Je ne pouvais pas dire un mot et j'éclatai en sanglot. Il tenta bien de me calmer, sans y parvenir. Il me ramena chez moi.

– Tu as mangé quelque chose ?

Je fis non de la tête.

Il alla à la cuisine, fouilla un peu partout, revint trente minutes plus tard avec une assiette chaude de pâtes à la viande hachée.

– Allez ! Mange-moi ça ! Après je te laisserai une à deux heures pour que tu te laves et que tu dormes un peu.

– Merci.

– Tu es de la famille, ma grande.

Je mangeai les pâtes avec beaucoup de difficulté et Marc me laissa après avoir fait le peu de vaisselle qu'il y avait.

– Je reviens tout à l'heure... Dors un peu Cathy, ou tu ne vas pas tenir.

Et il parti en fermant la porte à clé.

Je me précipitai aux toilettes pour vomir tout mon repas, tirai la chasse, me brossai les dents et me regardai dans la glace. Je faisais vraiment peur à voir : j'avais des cernes incroyables. On aurait dit que je n'avais pas dormi depuis une éternité.

Je me déshabillai et pris une douche pour tenter de me détendre, ce qui ne marcha pas le moins du monde.

Et pour dormir n'en parlons pas ! Impossible de fermer l'œil.

Je me levai et tournai dans l'appartement comme un lion en cage.

J'attendis. Enfin Marc arriva. Et quand il me vit, il avait l'air encore plus inquiet que tout à l'heure.

– Tu n'as pas dormi, toi.

– Je ne peux pas.

– Allez viens ! On y retourne.

Il était seize heures et Val avait été ramenée dans une chambre à côté des infirmières pour une plus grande surveillance.

Je m'assis près de Val et lui pris la main.
Marc s'était assis de l'autre côté du lit.
Ne pouvant plus retenir mes larmes, je pleurai en silence.
Deux heures plus tard, Marc me dit qu'il devait y aller et qu'il reviendrait le lendemain de bonne heure. Il s'était une nouvelle fois débrouillé pour que je reste après les heures de visite.
Je devais sortir plusieurs fois de la chambre pour qu'ils vérifient que tout allait bien.

Il devait être trois heures quand, dans un demi-sommeil, je sentis les doigts de Val bouger. Je me réveillai sans peine.
– Val ?
– Cathy.
Sa voix était tellement faible que je dus m'approcher le plus possible de son visage. Je passai ma main sur ses cheveux.
– Ça va aller, mon cœur, je suis là.
– Je ne vais pas tenir.
– Dis pas ça... tu es réveillée, tu vas aller mieux.
– Non, Cathy... Je me sens partir, mais je voulais encore... te dire... je t'aime.
– Je t'aime aussi, chérie... tu es forte, tu vas t'en sortir.
– Merci d'avoir été là... Je t'aime pour toujours.
– Val...
Il se produisit la chose que je redoutais le plus : son cœur s'arrêta. Les médecins me dirent de sortir mais il n'en était pas question. Je voulais rester.
– Que se passe-t-il ?
– Sortez.
– Non ! Dites-moi, j'ai le droit de savoir...
Ils ne répondirent rien et dix minutes plus tard je sentis un froid intense me parcourir quand un des docteurs dit :
– C'est fini.
Je perdis connaissance.

Je me réveillai plus tard avec un mal de tête terrible. En tombant je m'étais cogné la tête et ils ont dû me faire quatre points de suture.
– Où est Val ?
– Calme-toi Cathy, s'il te plaît…
– Val ! Je vous en prie, dites-moi qu'elle va bien.
– Désolé…
– Non… c'est pas possible… je veux la voir.
Je me levai pour retomber aussitôt sur le bord du lit, la tête me tournait trop. J'avais l'impression de devenir cinglée. Je tentai à nouveau de me lever et m'accrochai tant bien que mal au mur en disant que je voulais la voir.
Marc fut obligé d'appeler quelqu'un pour me donner un calmant qui fut assez dur à m'administrer malgré les trois personnes me tenant au sol… Je n'en pouvais plus. C'était trop dur.

Je me réveillai le lendemain en fin de journée, complètement dans les choux, Marc inquiet à côté.
– Comment te sens-tu ?
– Mal… je suis perdue…
– Je sais… je le suis aussi.
– Que va-t-on faire maintenant ?
– Je ne sais pas.

Un an plus tard, seule, assise au bord de mon lit, les cachets que je devais prendre pour m'aider à dormir ne fonctionnaient plus depuis une semaine.
Une semaine que je ne dormais plus.
Un an que je ne vivais plus.
Un an d'enfer.
Un an aujourd'hui que Val nous a quittés et que le chauffard

a pris son dernier verre. Il n'a pas pu être puni par un jury... mort sur le coup, il n'avait pas mis sa ceinture de sécurité.
Je me levai, pris un café, une douche et je m'habillai... Je sortis. Pour aller où ?
Je me retrouvai au cimetière sur la tombe de Val avec un bouquet de roses rouges que j'avais acheté en chemin : ses fleurs préférées.
Et je restai là, à penser à sa dernière phrase...
« Je t'aime pour toujours. »

TABLE DES MATIÈRES

Adventice
Edition
13, rue Georges Auric
75019 Paris

N° Azur : 0 810 811 480 (prix appel local)

edition@adventice.com

NOTES

Cet ouvrage a été imprimé par France Quercy à Cahors
pour le compte des éditions Adventice.

Dépôt légal : juin 2005
Numéro d'impression : 51473

à détacher et renvoyer sans affranchir

Oui je souhaite recevoir gratuitement vos catalogues :

☐ Mlle ☐ Mme ☐ M

Prénom Nom ______________________________

Adresse ______________________________

____

Code Postal ______________ Ville ______________

Pays ______________________________

Date de naissance : ______________

Oui je souhaite recevoir vos informations par email :

Mon email ______________________________

Produit acheté *Immersion totale*

Lieu d'achat : ______________________________

Comment avez-vous connu ce livre : ______________

Votre avis sur le livre nous intéresse :

Je suis intéressé(e) par :

☐ Livres à thématique gay / lesbien

☐ romans ☐ nouvelles ☐ essais ☐ autre :

☐ DVD à thématique gay / lesbien

☐ films ☐ séries TV ☐ courts métrages ☐ documents

J'achète le plus souvent mes livres et DVD dans ces magasins :

ECOPLI

M 20 g

Validité permanente

France métropolitaine
uniquement

ADVENTICE
AUTORISATION 41121
75482 PARIS CEDEX 10